LÉO CLARETIE

FEUILLES DE ROUTE EN ROUMANIE

★

La
Roumanie intellectuelle
contemporaine

POÉSIE — ROMAN — THÉATRE — HISTOIRE
CORPS SAVANTS
PRESSE - BEAUX-ARTS - LA LITTÉRATURE ORALE
L'ŒUVRE LITTÉRAIRE DE CARMEN SYLVA

PARIS

BIBLIOTHÈQUE INTERNATIONALE D'ÉDITION

E. SANSOT & Cie

9, RUE DE L'ÉPERON, 9

MCMXII

FEUILLES DE ROUTE

EN

ROUMANIE

LÉO CLARETIE

FEUILLES DE ROUTE EN ROUMANIE

*

LA
Roumanie intellectuelle
contemporaine

Poésie - Roman - Théatre - Histoire - Corps Savants
La Presse - Beaux-Arts - La Littérature orale populaire
L'Œuvre littéraire de Carmen Sylva

PARIS

BIBLIOTHÈQUE INTERNATIONALE D'ÉDITION

E. SANSOT et Cie

9, Rue de l'Éperon, 9

AVANT-PROPOS

L'ouvrage que nous présentons au lecteur est né de plusieurs séjours en Roumanie, où l'auteur a noté et retenu ses impressions dans tous les ordres d'idées, paysages de villes et de campagnes, mœurs, coutumes, développement économique, artistique, littéraire, intellectuel. Il n'a certes pas la prétention d'être complet sur un sujet riche et complexe. Il a voulu exprimer ce qu'il a vu et senti, par le besoin de faire mieux connaître ce vaillant peuple roumain, latin comme nous, qui a fait dater de son indépendance une renaissance et un rajeunissement de toutes ses ressources et de toutes ses facultés. Il a parcouru le pays et la société en ami, en littérateur et en touriste. On trouvera ici des souvenirs littéraires et pittoresques, et surtout le souci de présenter aux Français un peuple actif, prospère et laborieux que les lois les plus simples de la sympathie, de la fraternité et de l'intérêt nous commandent d'approcher et de fréquenter. Si cet ouvrage pouvait accroître les amicales relations des deux Nations, l'auteur aurait atteint son but et il joindrait, à la satisfaction d'avoir vu les Roumains chez eux, celle d'avoir servi et leur pays et le sien. Il n'en demande pas davantage.

Cet ouvrage est divisé en deux volumes.

Dans le premier on a groupé tout ce qui touche à la littérature et aux arts.

Le second présente quelques vues de là bas prises d'après nature et sur le vif.

L'ensemble est le recueil des Feuilles de Route d'un flâneur qui a lu, qui a vu, et qui tente de payer son plaisir à ses amis par une propagande bien méritée, — et trop modeste.

CHAPITRE PREMIER

La Roumanie Contemporaine Littéraire et Artistique

———

Ce serait une prétention mal fondée d'espérer faire en quelques pages un tableau complet de l'intellectualité roumaine d'aujourd'hui : celle-ci a toute l'activité de la jeunesse, toutes les ressources de la nouveauté, toute la fougue d'une renaissance. Il faudrait un volume pour en exposer les manifestations riches et variées.

Mais à défaut d'un tel développement, il nous sera permis de mettre sous les yeux du lecteur un état des lettres, des arts et de l'organisation des services publics dans la Roumanie contemporaine, à cette seule fin de révéler aux Français un peuple qu'ils connaissent mal et qui mérite de leur part une plus attentive étude. Nous estimons que beaucoup seront étonnés quand ils apprendront que, des Carpathes au Danube et à la Mer Noire, un foyer intense de pensée, de sentiments, d'expression artistique illumine et réchauffe toutes les âmes de Moldavie, de Valachie et de Transylvanie. La poésie y chante et y pleure avec des accents de vérité, de sincérité, d'humanité qui passent en vibrant dans les traductions françaises où les œuvres originales que les Roumains et les Roumaines écrivent souvent, et fort joliment, dans notre langue. Si le théâtre et le roman ont des annales plus jeunes, moins riches et peut-être moins originales, les sciences, la philosophie, la critique, ont des représentants remarquables.

Des caractères généraux se dégageront d'eux-mêmes de ce tableau vivement esquissé : les Roumains ont plus de sensibilité, plus de sentimentalité, de *dor* comme ils disent, que d'imagination inventive ou évocatrice ; ils ont à un haut degré l'imagination représentative de visions ou d'émotions passées. Leur raison est sagace, sûre, exigeante. Leur cœur a de la tendresse et de la mémoire. En général ils pêchent au point de vue de la logique, de la suite dans les idées, du don de l'effort, de la continuité dans l'action, dans la rigueur scientifique du raisonnement, dans l'art de la construction d'un plan large et net, de la composition, de la carcasse, et dans l'invention des faits pour les œuvres de fiction. Ils savent camper des personnages d'une psychologie aiguë, observée, fine et vraie, qui agissent peu dans un récit qui n'avance pas. Ils savent mieux sentir et voir que créer : ils sont fort peu symbolistes ; ils ont l'esprit réaliste, concret, pratique ; ils sont restés des Romains.

Nous allons parcourir les rangs pressés de leurs écrivains, que nous classerons par genres, et, dans chaque catégorie, par ordre alphabétique, pour ne froisser aucune susceptibilité ; car nous n'avons l'intention, ni le loisir de décerner des places et des prix. Poètes, romanciers, auteurs dramatiques, historiens, critiques, philosophes, savants, artistes défileront tout à tour devant nous pour nous donner une idée de tout le travail, de toute la pensée qui sont brassés dans la Roumanie d'à présent. Un rapide tableau économique nous avertira du rôle que ce pays a pris et accroitra, dans le commerce international, où nous faisons trop modeste figure. Et de ces quelques pages (1) sortira, nous osons l'espérer, une Rou-

(1) Nous nous faisons un devoir de remercier ici publiquement tant de précieux auxiliaires, pour les dévoués concours qu'ils nous ont prêtés dans l'établissement de ce tableau : S. E. M. Alexandre Em. Lahovary, Ministre plénipotentiaire du royaume de Roumanie à Paris, qui nous a indiqué d'utiles sources et fourni les plus récents documents statistiques ; MM. Ghimpa, Mihail G. Holban, directeur de la *Revista Idealista*, M. Jean Lahovary, M. Mestugeano, sous-directeur de *l'Universul*, M. E. Lovinesco, professeur à l'Université de Iassy, M. Lugosano, M. Pillat, M. Tafrali, le Journal *l'Universul* qui a ouvert une enquête littéraire, Mlle Hélène Vacaresco, M. A.-D. Xénopol, l'éminent historien, recteur de l'Université de Iassy, et enfin les écrivains et les artistes qui ont bien voulu me faire parvenir directement leur biographie et leurs œuvres.

manie de force et d'avenir, dont l'image puisse édifier les français, et ne pas décevoir les roumains, nos frères.

En l'an 160 après J.-C., des marchands signèrent un contrat sur une tablette de cire : c'est le premier document de l'histoire roumaine (1).

Il existe une Inscription du ive siècle ap. J.-C. Le latin d'y roumanise.

La langue roumaine s'annonce en 571, comme en font foi les récits de Theophane et de Theophylacte, relatifs à la guerre contre les Avares. Elle eut à lutter contre le slavon, langue officielle de l'Eglise et des Administrations. Les plus anciens livres imprimés sont en langue slave. Les premiers livres imprimés en roumain, le Catéchisme de Sibiu et celui de Brasov (xvie siècle) sont en caractères cyrilliques.

Au xixe siècle apparaissent les livres roumains en lettres latines.

Le xvie siècle a laissé un manuscrit des Actes des Apôtres en roumain, un Psautier roumain, un Evangile manuscrit roumain (au British Museum), un Catéchisme protestant (1544), les quatre Evangiles en roumain (Brasov, 1561), et une traduction roumaine (vers 1574) des Conseils du

(1) La langue s'est formée vers le viie siècle au sud du Danube. Cf. Densuseanu et N. Iorga.

Prince Neagoe Bassarab à son fils (original en grec).

La langue littéraire roumaine fut d'abord pratiquée, — comme il est advenu dans tous les pays, — par les clercs, qui en tinrent école. Le premier auteur roumain que l'on cite fut Varlaam (1580-1657), Métropolitain Moldave. Il réfuta le Catéchisme luthérien.

Le premier poète fut le Métropolitain Dosofteiu : il composa des Psaumes.

———

Poésie

———

L'anthologie roumaine s'ouvre par le nom de Jean Vacaresco, descendant des poètes *minores* Alexandre Vacaresco et Nicolas Vacaresco.

Jean publia, en 1830, des poèmes enflammés par le souffle patriotique : *La Chanson Roumaine, Michel le Brave*. Il souhaita la réunion de la Moldavie et de la Valachie. Avant lui, Ienakitza Vacaresco avait chanté :

— « Je lègue comme héritage à mes enfants le culte de la langue roumaine et l'amour de la patrie. »

Cet héritage a été pieusement recueilli et conservé dans la famille.

Constantin Conaki (1) composa des poésies légères ; Georges Asaki (2) chanta la renaissance Moldave, qu'exalta pareillement Alexandre Chrissovergi.

Dans le même temps la Muse Valaque inspirait de beaux chants patriotiques à Momuleano, au vibrant Basile Carlova (3) (voir son beau et célèbre poème : *Une Nuit sur les Ruines de Tirgoviste*).

La *Marseillaise* roumaine naquit en Transylvanie, lancée à pleine volée par Muresiano.

La poésie, — et d'une façon plus générale la littérature roumaine, — dut beaucoup au Valaque Eliade Radulesco (4) qui écrivit dans tous les genres (poésie, philosophie, histoire, art, droit, morale), en réaction contre les prédilections grecques des Phanariotes (grecs de Constantinople établis en Roumanie).

Démètre Bolintineano (5) accorda son luth sur celui de Lamartine et sur celui de Hugo. Grégoire Alecsandresco fait également honneur à la poésie patriotique Valaque. Son *Ombre de Mircea* est classique. Il a écrit des fables et des satires.

(1) 1777-1849.
(2) 1788-1871.
(3) 1809-1831.
(4) 1802-1872.
(5) 1819-1872.. Il a écrit en français : *Les Chants du Bosphore.*

Cependant les poètes moldaves se multipliaient : Saulesco, Beldiman, Pogor (a traduit *Faust* et *La Henriade*), Stamati (de Bessarabie), Constantin Negruzzi, Petrino, Naum, Sion, Donici (traducteur de Pouchkine), Nicoleano, Zamfiresco, Creiziano, Deparaiziano, poète de la nature, Sihleano, et au-dessus d'eux : Alecsandri et Eminesco.

Vasile Alecsandri (1) donna la poésie populaire comme source à son inspiration. Il fut profondément, intimement national.

Il fit représenter sur le théâtre de Iassi, dont il était directeur, de beaux drames (2) où il exaltait le sentiment de la patrie. Il fut l'interprète ému et éloquent des chants populaires de son pays, et le peintre charmant des paysages roumains : (*Doïnes, Ballades, Margaritarele, Pastels, Légendes*). Sa fameuse chanson de la *Race Latine* (3) remporta le prix au Concours des Langues Romanes, à Montpellier.

Il joignit la culture française à l'inspiration de la poésie populaire roumaine pour élever cette dernière aux formes les plus hautes de l'art, tout en lui conservant la saveur primesautière de la Muse du pays. Alecsandri est un poète d'une richesse de conceptions extraordinaire. Il a écrit

(1) 1821-1890.
(2) *Ovide ; Despot Voda.*
(3) *Cantecul gintei latine.*

des poésies lyriques, des légendes épiques, entre autres *Forêt Rouge*, qui est plus étendue, des comédies d'une note presque bouffonne, des vaudevilles. Vers la fin de sa vie il donna quelques drames ou tragédies en vers : *Ovide, La Fontaine de Blandousie, Despot Voda*. Ses poésies lyriques sont ou dans le genre populaire, ou dans une note d'art. Elles respirent toujours un sentiment très profond. La plupart sont d'une fraîcheur et d'une sincérité sans pareilles ; peu d'entre elles sont empreintes de tristesse, car la Muse d'Alecsandri est plutôt et plus souvent joyeuse. Dans les œuvres de théâtre, Alecsandri se moque des travers de l'ancienne société roumaine. Il présenta sur la scène des personnages bouffons et grotesques, des femmes qui veulent poser aux dames, des Grecs et des Juifs, les « sangsues » des villages. Il a beaucoup contribué par ses railleries spirituelles à faire abandonner aux Roumaines leurs mœurs anciennes et à tourner leur esprit vers l'avenir.

Mais Alecsandri est le poète national par excellence. Tous les événements importants qui contribuèrent à changer la vie politique des Roumains ont trouvé un écho dans ses vers. C'est ainsi qu'il chante l'année 1848, l'union des Principautés de Moldavie et de Valachie en un seul Etat, l'Indépendance (1877-1878), pour laquelle il a trouvé les accents les plus profonds et les plus harmonieux de sa riche inspiration.

Un autre poète disputa à Alecsandri la primauté dans le champ de la littérature roumaine: Michel Eminesco qui puise son inspiration à des sources plus élevées que la Muse populaire (1).

Nourri de philosophie, surtout allemande, il imprégna ses vers d'idées profondes et hardies qui leur donnèrent un cachet particulier.

Autant Alecsandri était gai et riant, pris rarement de mélancolie, autant Eminesco est le poète de la douleur, de la mort et du désespoir. On l'a comparé à Lénau et à Leopardi, ce qui ne veut pas dire qu'il imita ces poètes ; mais son esprit l'attirait vers la même conception de la vie. Eminesco est un détracteur du temps présent, et un admirateur du passé héroïque, dans lequel il peut promener sa fantaisie en toute liberté, pour n'y voir que les beaux côtés.

Il a peu écrit, mais son œuvre a eu une influence prépondérante sur sa génération, et elle domine encore les esprits de nos jours.

Mihaïl Eminesco naquit à Ipatesti, près Botosani, en 1849, fut acteur nomade, puis étudiant à Berlin, écrivit des vers à seize ans, fut professeur, poète, chef d'école, et mourut fou en 1889.

(1) On a récemment publié de lui des *Œuvres Posthumes* où chante la note populaire.

Ce Moldave (1) eut la fougue, la verve, l'ardeur. A l'encontre d'Alecsandri, il dédaigna le courant populaire, et prit son inspiration dans la philosophie, l'érudition et le pessimisme. Il fait songer à la fois à Vigny, à Leconte de Lisle et à Baudelaire.

Les deux influences opposées d'Alecsandri et d'Eminesco, — le nationalisme et l'humanitarisme, la tradition et la théorie, le passé et l'avenir, la religion des ancêtres et la philosophie nouvelle, le despotisme et le socialisme, l'optimisme et le pessimisme, la patrie et le monde, l'Orient et l'Occident, — ces deux tendances départagent encore la poésie roumaine, qui n'a pas suivi d'autres courants que ceux-là.

Elle est riche en poètes : mieux que le théâtre ou le roman, les vers sont le naturel truchement de ces âmes peu compliquées, riches de sentiments et de sensations, essentiellement faites pour la confidence, et foncièrement vouées au lyrisme.

Les Roumains sont avant tout un peuple lyrique, né pour la musique et l'élégie, qu'ils appellent *doïna*. Ils ne connaissent pas cette poésie impersonnelle telle que fut la nôtre au XVIIe siècle, faite de raison, d'harmonie et de pure beauté. Ils n'ont pas cette majestueuse froideur. Ils sentent vivement, profondément, et ils crient

____

(1) 1849-1889 (Lire : *Les Satires, Luceaferul, Les Epigones, Venise.*

leur âme : leur poésie est une confession ; ils prennent l'Univers à témoin de leur joie, de leur douleur, de leur colère, de leur enthousiasme, de leur émotion : ils sont romantiques et lyriques.

Nous assisterons au rapide cortège de ces aèdes, dont les luths résonnent avec le son clair et cristallin des sources sous la feuillée, ou des flûtes de Pan aux doigts des laoutars.

Il n'est plus question du conflit entre les patriotes et les idéologues du cercle *Junimea* (Jeunesse) et de la revue *Convorbiri Literare* (Causeries Littéraires), organe de l'idéalisme pur et international, opposé par Titu Maioresco au nationalisme de Bolintineanu, Alexandresco, Alecsandri, Assaki, Bolliac, Anton Pann, Aleco Russo.

Devant les spéculations désintéressées de la Junimea se dressèrent les socialistes pratiques de la revue *Contemporanul* (1885-1890), dirigée par Gherea (C. Dobrogeanu) et ses troupes composées de Al. Vlahutza, Trajan Demetresco, Beldiceano, O. Carp, A. Stavri, I. Paun, Bujor, V. Crasesco, Mme Sofia Nadedje, Macedonski, contre les théoriciens et métaphysiciens, Eminesco, Creanga, Caragiale, Delavrancea, Mme Poni-Cugler, Gane, Serbanesco.

Leur affinité avec l'esprit allemand était combattue par les latinophiles Macedonski, Mircea

Demetriad, Cincinat Pavelesco, Zamfiresco, Hasdeu, Urechia.

Cette réaction fit retour vers les origines du peuple Dace et les vieilles légendes nées du sol : et l'on eut l'éveil du folklore avec Alecsandri, Theodoresco, Marian, Burada, Bibicesco, Reteganul, Barsan, Fundesco, Zanne, Mme Sevastos.

En même temps, émus par cette renaissance du sentiment national, les Transylvains, — ces Alsaciens d'Orient, — donnaient à la mère patrie Cosbuc, Slavici, Banatzeanu, Iosif Grigorovitza, Butinesco.

Actuellement le courant populaire l'emporte. Delavrancea, Slavici, Caragiale écoutent l'âme du peuple. Certains se consacrent aux paysans : Sadoveano, Emilgar (Emile Garleanu), Agarbiceanu. C'est l'école Tzaraniste qui compte Cosbuc, St. O. Iosif, Natalie Iosif, Goga, Moldovan, Slavici, Grigorovitza, Sandu Aldea, Scurtu, Chendi, etc. — Nous allons retrouver tous ces noms.

Voici comment et par quelle riche phalange la poésie roumaine contemporaine est représentée : D. Anghel a de l'ampleur et une grande pureté de forme dans ses recueils poétiques : *Fantaisies ; Dans le Jardin ; Le Monde des Souffrants, Le Miroir Enchanté*. Il est le poète délicat des parfums, des fleurs et du rêve. Il écrivit avec son ami St. O. Iosif, le fameux *Caleidoscopul lui Mirea*. Arghezzi a l'audace de la jeunesse. Le Transylvain Popovici Banatzeano a de la chaleur. Jean Barseanul est lyrique, Becesco mêle doucement les rêves aux larmes, *Vise si Lacrimi*; Beldiceanu est le mélancolique chanteur de *doïne*; la princesse Valentin Bibesco a rapporté de Perse des visions en prose d'une poésie troublante et subtile; Ion Borcia, traducteur de l'*Iphigénie en Tauride* de Gœthe et du *Jules César* de Skakespeare, n'a pas encore réuni ses poésies disséminées dans les revues; Stefan Braborescu n'est pas sans intérêt, Alice Calugaru, poètesse des étoiles, est toute jeune: ses *Viorele* (1905) promettent.

Mihail Canianu est un aède populaire et pittoresque, heureusement influencé par Cosbuc; Ch. Ad. Cantacuzène écrit des vers français fort appréciés (*Sourires glacés*, *Poussière et Falbalas*, *Synthèse attristée de Paris*). Nous nommons seulement ici Carmen Silva dont l'œuvre sera étudiée plus loin avec plus de développement. Faisons place à Toparcéanu, et à P. Cerna, qui met de la philosophie dans ses *Poezii*, et qui est très goûté en ce moment. La Muse du médecin O. Carp est attristée et humanitaire; elle lui a inspiré *Tristia, Doïna, In mare Tenebrarum*.

Nous n'oublions pas E. Cinchi, Maria Cuntzan, D. M. Ciotori, V. Cisman.

M. Codreanu (né en 1876), passé maître en l'art

du sonnet, comme un autre Pétrarque, a *sonneté* deux volumes : *Diafanc* et *Din Cand in Cand* (de Temps en Temps).

Cosbuc (Georges) (1), né en 1866, et venu à Bucarest en 1883, est le poète roumain le plus original après Eminesco, dont il diffère du tout au tout par la nature de son inspiration. — La poésie de ce paysan de Transylvanie, pleine de vigueur et de santé, est empreinte d'un grand optimisme, ce qui vint en réaction contre le pessimisme amer de son grand prédécesseur.

Très original par la forme de ses " *Ballades et Idylles* ", par une langue rustique, par un souffle printanier et généreux, M. Cosbuc est le véritable poète du paysan roumain, dont il a chanté heureusement tous les actes de la vie quotidienne.

Il sait rendre les aspects colorés de la vie populaire et simple, les sentiments naïfs des ruraux, la grâce de l'amour ingénu, les lueurs du matin, les teintes du ciel, la poésie de la nature, de la Nuit d'Eté, du Vent, de la Pluie. Il a le secret de l'inspiration agreste, pastorale, bucolique, qu'il a répandue dans *Ballades et Idylles*, dans *Brins de*

(1) Ballades et Idylles (1893) ; Vers et Prose (1897) ; Le conte d'une couronne d'acier (1899) ; La Guerre de l'Indépendance de 1877 ; Le Blasphème d'une Mère ; Au Pays du Turc ; Au Pays des Bessarabes ; Choses de notre Pays (1903) ; Traductions : *Mazeppa* de Byron, *Parmeno* de Terence, Schiller, la Divine Comédie du Dante, l'Enéide, de Virgile, Homère, Sakountala, etc...

Filasse, dans *Le Journal d'un Badaud*. Il sent et exprime les colères et les révoltes de la misère rustique, et confine par là à la poésie sociale. Son chant *Nous voulons de la Terre*, ne fut peut-être pas étranger à l'émeute de 1907. Son poème *Le Mariage de Zamfira* est un tableau charmant des mœurs roumaines d'autrefois, et passe pour une des plus parfaites créations de la poésie roumaine. Il a traduit *L'Enéide* en vers roumains, le Dante et le *Sakountala*, de Kalidasa.

C. Cosco sème de jolis vers dans les revues, et aussi Rosa Covrig. St. Cruceano pleure des larmes touchantes, *Lacrimi* ; Maria Cuntzan a une grâce tendre et triste. A.-C. Cuza a l'esprit mordant.

Davidescu s'est juré de rajeunir la prosodie.

Trajan Demetrescu eut une sensibilité aiguë et maladive qui se crispa dans les strophes des *Senzitive* avec toute la mélancolie qu'expriment aussi Carp ou Cruceano.

Al. Gh. Doinaru, né en 1882, à Tescani, a déjà un joli bagage littéraire. Juliu Dragomiresco chante ardemment la patrie. D'un tout autre ton, rare ici, P. Dulfu, poète satirique, mêle à des leçons d'esthétique les drôleries de ses Anecdotes et des Aventures du héros populaire Pacala. Dutzu Dutzesco exalte la beauté et l'amour de son pays dans *Cring Si Lunca*, Hallier et Prairie. — Signalons les poésies d'Elena Farago et celles d'Hilde-brand Frollo, et Gane (*Pacate Marlursite, Spice*), et Al. Gherghel. Et voici Goga.

Goga Octavian, né en 1881, est le plus récent des poètes aimés. Roumain de Transylvanie, il est le poète national de ses compatriotes qui habitent la Hongrie.

Dans une atmosphère saturée par le pessimisme philosophique d'Eminesco et par la note bucolique de Cosbuc, le cri de guerre et de revendications nationales du premier recueil (Poésies) de ce jeune poète, et même sociales et révolutionnaires du dernier recueil (*La Terre nous appelle*) fut écouté avec un enthousiasme sans pareil dans les fastes de la littérature roumaine.

M. Goga bénéficie encore de la vogue de son grand succès.

Originaire comme Cosbuc de la Transylvanie, il n'a pas abandonné sa patrie montagneuse pour les plaines plus ensoleillées de la Roumanie.

Il est le représentant d'un peuple opprimé qui fait éclater en accents d'une beauté et d'une sonorité inimitables les souffrances et les sanglots de ses compatriotes. Ce poète a versé du feu dans le sang de son peuple, et la recrudescence de l'opposition nationale du Roumain et Transylvain contre l'oppression hongroise a été puissamment secondée par son œuvre.

G.-V. Botez Gordon a publié *Versuri* et *Pétale*, il a traduit le *Flibustier* de Richepin et un acte de F. Cavalotti. J. Gregulesco Grion est l'auteur de *Mer et Vénus, Ballade Romaine, La Mort de l'Amant, Le Suicidé, Dans la Salle de dissection, Le Rêve d'Or* ; la variété des titres dit celle du talent. Ion Gorun a écrit *Poesii, Taina Seasea, Robinson in Tara, Stii romaneste* ?

Julie Hasdeu, nouvelle Marie Bashkirtseff, mourut à 19 ans, après avoir écrit des poésies qui faisaient voir et prévoir son génie : *ostendent hanc tantum.....* B. Hétrat est mort en 1911. Léontin Iliesco compose de jolies choses aux jolis titres : *Majora Canamus* et *Fiori de Flori*, (Frissons de Fleurs).

St. O. Iosif à l'exemple de son maître Cosbuc retrempe les cordes de sa lyre dans le courant populaire : *Poésies, Patriarcales, Il était une fois...*, et avec D. Anghel : *Legenda Funigeilor, Caleidoscopul, Carmen Seculare*. C'est notre Sully Prud-homme, disent-ils là-bas.

D. Karr effleure de son rêve les *Lys Blancs* (Crini Albi) ; leur douce blancheur ne tempère pas l'âpreté de sa muse qui a grandi dans l'ombre de Macedonski.

Haralamb G. Lecca, né en 1873, a l'inspiration sincère (1), mais il s'exprime dans une langue pleine de néologismes.

(1) *Prima, Secunda, Sexta, I.N.R.I.*, poèmes religieux.

V. Leonesco exalte avec passion le sentiment national et le culte du passé roumain.

Arrêtons-nous devant l'étrange personnalité d'Alexandre Macedonski (1), né à Craiova, en 1856. Il fit ses études à Pise et à Paris, revint dans son pays pour déclarer son hostilité contre le roi Carol Ier. Il fut mis en prison.

Ce violent poète s'opposa à la langueur native de l'âme roumaine longtemps asservie sous le joug des Turcs. Il cria *Sursùm Corda* ! En outre il rapportait de France des idées républicaines (2) et fut de 1880 à 1885 le chef du groupe intellectuel libéral, francophile et germanophobe *Litteratorul.*

Il fut mal ou peu compris, car son enthousiasme et son apostolat ont sombré dans le nirvana. M. Alexandre Bogdan Pitesti lui a consacré des pages ardentes et curieuses :

— Je suis content d'avoir pu, par ces lignes, témoigner et crier à tous les mufles et à tous les imbéciles, mon admiration pour le grand poète, l'incomparable artiste, le haut et fier intellectuel qu'est Macédonski.

» Je suis comme lui, un de ceux qui, en quelque

Les Chiens ; Les Joueurs de Cartes ; La Suprême Force ; Cancer au Cœur.
(1) *Prima Verba*, Poésies, 1882 : *Excelsior* ; *Bronzes* ; *Le Calvaire de Feu*, roman en français ; *Les Nuits.*
(2) *Poesii*, 1882, *Excelsior* 1894.

circonstance et en quelque endroit qu'ils se trouvent, ont toujours les yeux tournés vers le Christ et vers la France.

Nous sommes quelques uns de par le monde chez qui les sentiments patriotiques, conventionnels et absurdes, sont éteints ; nous avons élevé dans nos cœurs des cultes plus adéquats à nos êtres, d'autant plus fervents que choisis librement et non dus aux hasards de la naissance ; nous pensons que deux seules choses sont grandes et belles ici bas, et rendent la vie supportable :

L'Eglise catholique — qui seule possède la vérité et en dehors de laquelle tout est prose, stérilité et mensonge, — pour calmer nos âmes inquiètes ; bercer les nostalgies et les amertumes qui sont en nous, endormir les désirs qui nous hantent et nos curiosités morbides.

La France, pays du Rêve et de l'Idéal, pays des sentiments naïfs et chevaleresques, des élans fous et des envolées radieuses, pays de la Beauté, de l'Intelligence et de la Grâce, — pour être la joie et la délection de notre esprit, puisque, seule, elle allume tous nos enthousiasmes et peut nous faire partager ses haines. »

Macédonski a publié un recueil de poésies écrites en français " *Bronzes* ". En voici une pièce :

AVATAR

C'était au temps jadis, en la Rome d'esclave,
Je me souviens : c'était en Mai, l'an bi-sextil,
L'air était pénétré d'un arome subtil
Quand je vis des bleuets dans les yeux de l'esclave.

Vibrant, j'en aspirai le parfum volatil ;
Dans mon sang jeune et fier courut comme une lave,
Et de la fleur d'antan revit, toujours suave,
La trace du pollen que lança le pistil.

Ce fut dans un jardin enclos de blanches pierres,
Furtif, un clair rayon filtra sous les paupières
Où semblaient se mirer les blonds sphinx de Memnon,

Et bien que le lilas ait fleuri mes obsèques —
Voici deux mille ans près — Crétus était mon nom,
Et je portais tunique et toge à franges grecques.

Lisez encore " *Sur la Nuit de ma naissance* ",
poème traduit en français par l'auteur, et dont
Mme J. Adam écrivait :

« La situation de l'auteur ajoute, il nous semble,
un intérêt à la *Nuit de ma Naissance*, M. Macédonski est Roumain, il est le fils de feu le général
A.-D. Macédonski, ancien Ministre de la Guerre
et Commandant en chef de toutes les forces armées des Principautés-Unies. »

A. Mandru a de l'abondance (*Horizons sereins*,
1908).

Véronique Micle, l'amie préférée d'Eminesco,

morte peu de temps après lui, a été la poétesse de l'amour. Elle a chanté son héros dans des vers d'un sentiment profond et d'une forme heureuse.

P. Mihaesco est un doux poète. Const. Mille, l'heureux romancier de *Dinu Milian*, l'auteur de *Letopisitzi* a dans ses *Versuri* une mélancolie toute éminescienne.

Ion Minulesco, né en 1881, le poète des *Romances pour plus tard*, et de la *Maison aux fenêtres couleur orange*, a un talent vigoureux qui se sent de sa fréquentation de Macédonski. Il est le chef de l'école symboliste.

Gh. din Moldova a l'ironie acerbe et caustique. Sa sœur Cornelia din Moldova est poétesse aussi.

Moldovanu (Cornéliu), né en 1883, n'est pas sans intérêt dans ses *Floeari* (Flammes), poésies, et son poème *Cetatea Soarelui* (La Cité du Soleil).

Alfred Mosoiu a donné deux volumes de fins sonnets, et récemment le poème *Un Automne*.

Sofie Nadedje ? nous la retrouverons au chapitre du roman.

Démètre Nanu, né en 1873, comme l'indique le titre de son recueil poétique *Nocturne* (1900), a la tristesse de sa race. Il a fait de nombreuses traductions. Par ses poèmes bibliques il représente les droits du mysticisme dans la poésie.

Naum doit un instant arrêter notre attention. Antoine-Théodor Naum, né à Iassy, en 1829, fit ses études à Paris. Inspecteur Général de l'Enseignement secondaire, professeur à l'Université de Iassi, membre de l'Académie Roumaine (section littéraire), il a traduit en vers : d'André Chénier, *Les Alcyons, Le Malade, La Liberté, L'Aveugle,* deux *Bucoliques* ; de La Fontaine : *Philémon et Baucis* ; de Lamartine : *L'Homme,* poème adressé à Lord Byron ; d'Alfred de Musset : *La Lettre à Lamartine* ; de V. Hugo : *La Source, L'Enfance d'une Femme* ; de Reboul : *L'Ange et l'Enfant*; de Boileau : *L'Art poétique* ; de Théophile Gautier : *La Comédie de la Mort* ; de François Ponsard : *L'Honneur et l'Argent* ; de Mistral : Fragment de *Mireille, Le Tambour d'Arcole, Le Chant de Magalie.*

Aux " Jeux Floraux " de Provence, présidés par Basile Alecsandri, les traductions de *Mireio* valurent à M. Naum, le diplôme de félibre avec une plume d'or ornée de brillants de Saint-Naïme, offerte par l'Athénée de Forcalquier et le Félibrige des Alpes.

Il a publié un volume de poésies originales et un *Roman du Renard,* épopée héroï-comique en quinze chants ; vers et prose ; discours, rapports académiques, critique littéraire.

Jacques Negruzzi est un excellent poète didactique et satirique. Obedenaru a de l'énergie. Dem. Ollanesco (Ascanio) eut le charme, et quand il traduisit Horace il fut attiré vers son modèle par une secrète affinité d'esprit. Oreste est un jeune et bon poète. Il a traduit *Hermann et Dorothée* et *Torquato Tasso*. Panu fut un élégiaque et un sentimental. N. Patrasco exalte la patrie. Cincinnat Pavilesco, né en 1872, cultive avec esprit l'épigramme et la satire. Son talent a un réalisme minutieux. Sa poésie est légère et aimable ; elle chante l'éternel féminin. Stefan Petica, mort jeune, eut une sensualité aiguë, l'amour de l'étrangeté, un style excellent. Ecaterina Pitis, née en 1884, a du sentiment. V. Podeanu a de la délicatesse. La poétesse lyrique Mathilde Cugler Poni a écrit et écrit encore de temps à autre de beaux vers d'une mélancolie tendre et profonde. Vasile Pop, né en 1876, fécond auteur d'articles politiques, de romans et d'études, a mis du mouvement et de la passion dans ses *Vers Héroïques*.

Ionesco Quintus, né en 1875, a de l'humour dans ses Epigrammes et dans *Cazuri Si Necazuri*. Mircea Radulesco a de la jeunesse et du lyrisme. Geo Ranetti, né en 1875, cultive, comme ses contemporains, comme Quintus, l'humour et l'épigramme. Eugène Revent a une noble inspiration.

Riria est le pseudonyme de Mme Cornélie Xenopol, la femme du fameux historien A.-D. Xenopol, dont nous parlerons au chapitre de l'Histoire. Cette poétesse tient d'Eminesco par l'élévation des idées et d'Alecsandri par la richesse de son verbe populaire. Elle a l'inspiration noble, alliée à l'expression purement roumaine. Esprit de haute culture, elle a abordé tous les sujets ; les problèmes et les progrès de la science trouvent un écho dans ses vers ; elle est éprise de tous les genres : didactique, lyrique, épique, satirique, et partout elle apporte couleur, lumière, originalité. Elle a le sens du dialogue et du théâtre : nous la retrouverons quand nous parlerons de l'art dramatique. Sa poésie est ferme, soutenue par une pensée vigoureuse, scientifique, philosophique. Elle a réuni ses vers sous le titre : *Canturi si Poeme*, et a publié des œuvres poétiques de caractère dramatique : *Le Poète et la Jeune Fille, Le Vieillard et le Jeune Homme, Ultima Raza (le dernier rayon)* et *Limiah si Nicovera*, poèmes dialogués ; *Ultima Raza* reflète le dernier rayon d'amour qui traversa l'âme d'Eminesco assombrie par la folie menaçante ; l'autre poème conte sa folie et sa mort.

Ronnetti Roman, continue avec un vif sentiment de la misère humaine, la tradition et la compassion d'Eminesco. Radu Rossetti, né en 1874, comme ceux de sa génération, sait mettre la malice dans l'épigramme et le sentiment dans le lyrisme. Il cultive abondamment la poésie (*Feuilles* d'*Automne, Du Cœur, Sans Amour*), la prose (*Récits Militaires*), les récits de voyages et le théâtre (*Pacate, Steana*, etc.). Après G. Rotica, je nommerai Juliu C. Savesco, qui mourut pauvre et vécut indécis ; V. Scinteie, Th. Serbanesco, ému et harmonieux, J.-M. Soricu, transylvain, bon poète ; Th. D. Sperantza, qui versifie des Contes populaires avec humour ; Al. Th. Stamatiad, né en 1885, auteur du joli recueil *Din Trambite de Aur*, 1910 ; A. Stavri, qui chante tristement la plaintive élégie ; D. Teleor ; A. Thoma, bon et humanitaire ; Toparceano, amusant rimeur de chroniques à la Loret ; D. Tutoveano, né en 1877, lyrique ardent et patriote (*Ballades*, 1910) ; V. Vlad ; Adrian Verea, dont la Muse est attendrie fraternelle, purement roumaine.

Vlahoutza (1) (Alexandre), né en 1859 à Plesesti est un excellent poète. Il suit les traces d'Eminesco, dont il a la philosophie. Sa mélancolie ne va pourtant pas jusqu'au pessimisme de son maître, et s'arrête dans des régions moyennes.

Dans ses deux recueils de poésies, M. Vlahoutza

(1) *Poésies, Amour, Silence (Liniste), La Madone, Dors en paix, A travers la Vie, Heures de Repos ; Un Année de lutte, Dans le Gouffre, Imagés effacées, Le peintre Grigoresco, Dan* (roman), *La Roumanie Pittoresque*, traduite en français a beaucoup fait en France pour sa réputation.

fit un effort méritoire au point de vue de la pureté de la langue et de l'harmonie du vers. Sans être tout à fait originaux, quant à l'inspiration, ils se font néanmoins remarquer par leur élévation. C'est, en tous cas, la plus belle œuvre poussée à l'ombre du grand maître de la poésie roumaine contemporaine.

Il serait injuste de ne pas mentionner aussi les volumes de prose de M. Vlahoutza, écrits dans une langue simple et épurée, dont un au moins, *Dan*, est le modèle du roman roumain. Reçu avec une froideur imméritée, il ne fut pas suivi d'autres essais qui auraient enrichi la littérature roumaine dans ce genre littéraire.

Il a dans ses poésies de l'élévation, un sentiment altruiste et humanitaire ; il se penche vers les souffrants, les déshérités, les paysans.

Al. Vlahutza est un disciple d'Eminesco. mais pourtant assez indépendant pour s'être assuré une personnalité poétique originale.

— Entre Vlahutza et Cosbuc, a écrit A. D. Xenopol, on pourrait trouver la même différence, toutes proportions gardées, qu'entre Eminesco et Alecsandri. Pendant que Cosbuc respire plutôt la joie de la vie, Vlahutza en perçoit plutôt l'amertume. »

Volenti a de la vigueur.

Vulovici N. avec ses « chants du soldat » est le Paul Déroulède des patriotes roumains.

Diuliu Zamfiresco, né en 1858 (1) est aussi un des bons éminescieni. Il a écrit d'excellents romans.

Il y a encore bien des noms que nous pourrions citer s'il s'agissait d'épuiser l'énumération des poètes roumains. En général nous observerons que la nouvelle génération d'écrivains en vue prend un grand souci de la langue, qu'ils épurent tous le plus qu'ils peuvent, en la préservant de l'inondation des néologismes dont la poésie du siècle dernier avait tant à souffrir.

Parmi ces noms, la place d'Helène Vacaresco est demeurée vide. Elle a tant fait pour la langue française que nous lui devons un hommage particulier. Comme sa gloire est assise et sur la poésie et sur le roman, l'étude de ses œuvres nous servira de transition toute naturelle de celle-là à celui-ci.

Le nom de Vacaresco est illustre dans l'histoire et la littérature roumaines. Il a donné au pays des hommes d'Etat, des poètes et une poétesse, Hélène Vacaresco, fille et petite-fille de poètes.

Elle écrit en français, et sa notoriété chez nous bénéficie de cette facilité qu'elle nous donne

---

(1) *D'autres Horizons, Savante, Harpista, Imnuri pagane, Lume Noua, Lume Veche, In Razboiu, Tanase Scatiu.*

d'approcher tout près de son œuvre et de son âme foncièrement roumaine. Elle a publié des vers et de la prose, et partout elle fut profondément émue et lyrique.

Les Chants d'Aurore plurent d'abord par l'harmonie, la fraîcheur, la sincérité des vers purs et colorés comme l'eau du torrent sous l'ombre mobile des pins des Carpathes. L'Académie Française couronna ce recueil.

L'*Ame sereine* confirma cette approbation et permit d'affirmer que la patrie de Ronsard avait fait naître une nouvelle âme de grand poète. L'Académie Française redoubla sa récompense quand parut le *Rhapsode de la Dimbovitza*, chansons populaires roumaines traduites en français. Cette fois c'était l'âme de sa patrie que la poétesse sentait frémir sur les cordes de son luth ; elle recevait de la terre natale les frissons et les angoisses, les joies, les colères, les douleurs, les espoirs, les rêves, et les ayant portés en elle, elle les rendait au monde tamisés, irisés et embellis par le prestige et le mirage de son imagination et de sa sensibilité.

De cette collaboration d'une race et d'une femme sortit ce livre ardent, lumineux, féérique que tous les peuples ont voulu connaître et qu'une Reine honora de son puissant intérêt.

Il fut traduit en allemand et en anglais par la

reine Carmen Silva. qui ne se borna pas à cet hommage. J'ai vu chez Mlle Vacaresco, dans son hôtel de la chaussée Bonaparte, à Bucarest, un magnifique manuscrit écrit et enluminé par la Reine. Les américains ont vainement offert des piles de dollars pour emporter par delà les mers cet inestimable chef-d'œuvre, dont Ovide, qui habita malgré lui la Roumanie, n'eut pu dire comme du Palais du Soleil : *Materiam superabat opus.*

La poétesse remercia sa Royale confrère en traduisant en français le beau poème philosophique *Jehovah,* de Carmen Silva.

Le *Rhapsode* a été traduit en italien deux fois ; — la dernière d'une façon remarquable par Mlle Elda Gianelli ; — en hollandais par la grande poétesse Capidotts Schwartz ; — en suédois, en espagnol.

En même temps, la poétesse parfumait ses *Nuits d'Orient* des effluves forestiers qui émanent de quelques contes populaires laissés de côté par le *Rhapsode.*

Ses quatre derniers volumes sont de valeur et d'importance : deux recueils de vers : *Lueurs et Flammes* et le *Jardin Passionné* ; et deux romans, *Amor Vincit* et *Le Sortilège.*

Les vers de ses deux recueils ont un charme puissant, une belle harmonie, une tristesse déçue, profonde, douloureuse, comme un appel à la mort.

Le pessimisme, l'angoisse, le regret, le désir, le *dor*, comme ils disent en roumain, y font trembler chaque page. Ce sont des rêves, des renoncements, des évocations, des souvenirs, des tristesses d'un cœur meurtri qui est :

La fleur sans joie éclose au bord des nuits.

Ces adieux à la jeunesse ont un charme qui fait penser à Verlaine :

Mourez comme l'écume au ras des coquillages,
Comme l'arbre rompu par les vents de la mer !
Vous qui me conviez aux souriants voyages,
Partez à votre tour de mon cœur pleins d'hiver,
O Jeunesse, ô Désirs touffus comme un feuillage !

Dans *Le Jardin Passionné*, la mélancolie inexpiable et la pittoresque vision de la Roumanie populaire et traditionnelle s'enrichissent de paysages italiens dessinés d'après nature avec cette vive et pénétrante compréhension de l'Italie qu'ont ses fils exilés, les roumains.

Des tristesses encore, des douleurs, des regrets assombrissent et endeuillent cette Muse voilée :

Tristes, tristes, tristes, tristes
Sont les roses aujourd'hui,
Et moi triste entre les tristes
A cause de lui.

Mais le soleil d'Italie vient réchauffer et égayer le feuillage sombre de ce Campo Santo : au milieu, se dresse soudain l'orgueil altier de la Colonne Trajane, dont l'ombre déroule les splendeurs de l'Empire et du moyen âge florentin, ici :

O César ambigu ceint de fauves couronnes,

et là :

Florence avec un lys tout rouge au bout des doigts !

C'est en Italie que s'ébauche le roman *Amor Vincit*, dont on aime les descriptions précises, chaudes, artistiques de Sienne ou de Mirodar (Roumanie) ; l'amour et la jalousie de Despina Odoyano pour Mateo, qui la trompe avec la petite paysanne Stana ; les promenades dans les campagnes, les forêts, les monastères, les vieilles églises orthodoxes bossuées d'ampoules qui sont des coupoles. Certes, le récit a des longueurs et constate de l'inexpérience ; de nouveaux personnages, Neana Manole, font leur apparition dans les vingt dernières pages du volume, au moment où nous ne désirons plus connaître de nouvelles figures, mais seulement savoir comment finissent les aventures des personnages déjà connus. Toutefois ces pages ont un charme étrange et pénétrant, une psychologie acérée, une sensibilité tendue.

Mais demandons au dernier volume sorti de l'esprit et de l'âme de Mlle Hélène Vacaresco, *Le Sortilège*, le secret et la méthode instinctive de son talent mûri, et de son travail qui a maintenant atteint le sommet de sa courbe.

Dans ce roman le caractère de l'artiste et de l'écrivain apparaît en pleine et vive lumière.

Comme romancière, cette poétesse nous séduit vivement par certains côtés de son talent qui, là, est évidemment incomplet.

Elle manque d'invention, d'imagination dans la fable, de composition dans l'agencement des faits. Ce n'est pas par l'intrigue, c'est par d'autres mérites qu'elle nous retient.

Le conte en lui-même est lent et assez indifférent. Ouvrons *Le Sortilège*, le meilleur de ses romans. L'action y conte l'aventure de Stan, fils de l'assassin Dragomir, aimé par Ileana, la fille d'un prêtre et de Zamfira, et par Profira, la femme d'un tzigane, voleur de chevaux, Nikolae — et par d'autres.

Stan est tiraillé par ses amours diverses et par ses amoureuses : ni lui ni elles ne nous passionnent. Qu'il embrasse Ileana ou qu'il rende Profira heureuse, peu nous chaut.

L'action est lente, souvent confuse.

Et Stan se demandait : « Laquelle des deux aimè-je ? laquelle des deux ? » Il n'en sait rien, ni l'auteur, ni nous.

Les scènes surgissent sans lien serré entre elles. Non, ce n'est pas par l'arrangement, le plan, la composition que ce roman vaut ce qu'il vaut.

C'est par trois genres d'attraits bien définis : les types, les scènes, le style.

L'auteur n'a pas cette largeur de vue qui permet de dominer un vaste sujet et de le distribuer avec art en toutes ses parties essentielles.

Les types ? leur rôle n'est pas nettement défini : Rada, Floarea, Spiridon ont une part indécise à l'action, et cependant ils profilent sur le paysage des silhouettes précises et pittoresques. On les voit, bien qu'on ne sache au juste ce qu'ils font. La gentille Floarea est la maîtresse du prêtre Spiridon, elle aime le berger Boujor, et elle doit aimer aussi Stan, puisqu'elle ne lui en veut pas du coup de couteau qu'il lui donne : pour nous, elle est un type charmant de jeune sauvagesse aimante et douce, comme Boujor est le berger vêtu de peau, qui taille les flûtes et anime les roseaux, comme Spiridon est le type sournois du prêtre lascif, et Rada le type inoubliable de la sorcière folle qui hulule sur les flots du torrent.

C'est un trait bien particulier, cette vie intense de personnages dont les actes demeurent obscurs et dont l'image a la netteté du trait : Dragomir l'assassin, qui fut forçat aux Salines, et dont le sommeil est agité par le cauchemar du crime ;

Stan, le beau gars aux mains formidables, qui a l'instinct du meurtre dans le sang ; Nikolae le tzigane lâche et vindicatif ; Profira, la sorcière haineuse et lubrique : Zamfira, la mère honnête et grondeuse ; Ileana, la jeune fille qui lutte en vain contre un amour mal placé.

Mlle Vacaresco sait camper les personnages, si elle est plus inexpérimentée dans l'art de les faire agir.

Elle excelle à esquisser des scènes d'un relief si puissant que la vision reste fixée dans l'œil, — des paysages d'un caractère précis et profondément roumain ; son livre est un album de vigoureuses aquarelles et d'eaux-fortes, et non un grand tableau de composition.

Entrez dans la cabane de Stan :

— « Par milliers, fentes et interstices trouaient ses murs lassés. Le bois qui soutenait l'auvent était aminci et tout près de céder. Point de régularité nulle part, mais partout un aspect de courbature, et des fenêtres si étroites qu'une tête d'enfant n'aurait pu y passer. Point de pierre non plus pour indiquer le seuil, mais un léger renflement du sol. »

Voici les mains de Stan, le fils de l'assassin :

— « Ileana soupesait les larges mains, brunes et vermeilles, à la redoutable ossature et dont les veines dressées comme des vagues en pleine tempête creusaient entre elles des ravins velus. »

Et ce panneau, le sommeil de l'assassin Dragomir, le père de Stan :

— « Et saisissant au foyer un tison à demi mort auquel son souffle rendit de l'éclat, il entraîna Ileana qui résistait et promena le flambeau improvisé sur le tas de paille où l'homme vautré gisait, secoué de spasmes, la mâchoire convulsive, le front étincelant de sueur. Et le tison barrait les ténèbres comme un glaive où le sang de quelque victime empourprée se dardait en mille étincelles sur la face du criminel, face d'horreur, contractée et délirante, mais triomphale cependant comme les prunelles des marins monstrueux qui coupent les cordages auxquels s'agrippent les naufragés. Férocement une frénétique extase parcourait toutes les fibres de cette détresse, tous les muscles de ces joues où la bave s'engluait aux poils souillés de la barbe. »

Autre sommeil d'un fossoyeur ivre :

— « Il dormait contre une croix et d'un sommeil qui sentait le vin. On essaya vainement de le réveiller. Il vagissait, heureux et engourdi, et se roulait entre deux tertres qu'il caressait tendrement tour à tour. »

— « Je t'aime, dit Ileana à Stan, et si ce village te déplaît, eh bien ! nous nous en irons ensemble....

ensemble, liés comme les épis dans les gerbes, comme la lune au ruisseau.... »

Un polythéisme poétique et païen anime la nature, qui a sa vie, son âme, ses désirs et ses souffrances, comme si les astres, les fleurs, la neige étaient créatures conscientes et pathétiques.

— « Le berger mélancolique s'appuyait au puits non loin des bœufs dont les cornes se teignaient à la pourpre expirante du couchant. La plaine fumait comme un vase, et la lumière battait d'une onde pâle la pente des coteaux. Des vapeurs d'ambre irisaient les arbres à leurs cimes, et toute l'haleine de la neige s'élançait en souffles d'or vers le soleil. Calice ouvert, il recevait dans ses blessures les couleurs que, durant les heures riches du jour, il avait somptueusement dispensées. Il les recueillait et les emportait là-bas dans son tombeau d'hyacinthes, de roses, de violettes et de jonquilles. La vivante sépulture étendait un linceul splendide au ras du ciel. L'espace frissonna, toute la neige s'éteignit ; le bûcher fulgurant devint un vaste marbre bleuté. Le croissant sortit tout argenté de la houle de clarté où tout à l'heure, net et jeune, il se noyait. Il s'accentua, mordit l'azur de sa lame verdâtre, courbe, acérée, et scintilla nettement. »

Ce lever de lune n'est-il pas une merveilleuse page d'anthologie ?

Et ce verger, derrière la maison d'Ileana, barrière odorante qui sépare l'asile muet du monde bruyant :

— « Les tournesols veillaient alentour comme des sentinelles d'or. Epandue en volutes, l'odeur du verger mûr, des courges, du melon jaune, des abricots fendus par le soleil, des tomates aigrelettes et de la mélisse embaumée, fumait sur l'air, pareille à quelque ouate mouvante. Tout le bonheur que l'été tire des plantes flottait là, et paraissait former, entre ce lieu paisible et le monde, une barrière de parfums. »

Regardez ce tzigane, c'est Nikolae :

« .... il était beau, d'une beauté fine, puérile et presque ridicule à force de perfection délicate. Ses mains petites, ses doigts fragiles, son cou veiné où le sang affluait sous l'extrême transparence brune de l'épiderme, ses cheveux et ses sourcils d'un noir moelleux, ses lèvres trop charnues, tout indiquait qu'il appartenait à la race méprisée des tziganes. »

Poussez la porte et regardez les types qui peuplent le taudis :

— « Un vieux, la tête entre les paumes, la bouche pendante, se perdait en cette interminable rêverie du pauvre, qui voit toujours du labeur derrière et devant lui.

« Quelques bergers, sentant le bouc et le lait

aigre, plongeaient leurs yeux dans la flamme blanche de la lampe avec une espèce d'hébètement sauvage. »

On n'en finirait pas si l'on voulait ainsi détacher et épingler les curieuses aquarelles : scène d'enterrement qui se termine par de joyeuses danses au son de la flûte de Boujor, scènes sauvages dans la forêt, le passage du gué, qui semble inspiré par le tableau de Grigoresco, et la fuite des forçats dans les hauts maïs, et la vie des voleurs de chevaux : que de motifs, tous traités sobrement et avec vigueur.

Regardez encore Floarea, la jeune fille " baguette fleurie ", qui danse :

«.... les yeux fixes, les bras noués au corps, elle commença de tourner lentement d'abord, puis d'un rythme qui progressait, pour mourir soudain. Elle choqua ses genoux, ses talons et ses lèvres et comme prise de folie, elle cria : « Je suis la flamme ! » et se mit à bondir : « Je suis l'eau », et se mit à déferler, à ramper, à courir : « Je suis le vent dans l'herbe ! » et elle marcha sur ses poignets. Bientôt elle ne fut plus qu'un tourbillon cadencé aux remous duquel se perdaient sa figure fine, ses jambes dénudées et le tablier d'étoffe rouge qui semblait sortir d'elle comme un feu.... »

Et cette attitude de sorcière qui hurle au destin :

— « Abandonnant sa posture humiliée, et croisant ses mains derrière son cou, elle poussa un long hurlement qui terrifia toute l'assemblée. Par trois fois, la clameur rauque et sinistre s'éleva. »

La flûte chante et on croit l'entendre :

— « Un long appel s'échappa de la flûte langoureuse, puis un cri, un appel encore, une gamme, et la mélopée se déroula, frissonnante, fluide, brisée par les soupirs, folle, agitée de bonds et de sanglots, morte de désir, animée par l'angoisse, pure et brûlée, fulgurante et libre, ou enchaînée à des douleurs parsemées de sang. Et tout cela, l'humble roseau troué de sept prunelles l'exprimait avec une limpide candeur. »

Rapprochez de cette page celle des laoutars dans *Amor Vincit* :

— « Leur musique déréglée s'irrite de l'harmonie éparse. Elle déchire des pleurs et de la joie unis. L'archet furieux s'amollit tout à coup, le râle tombe au soupir, le soupir roule dans la félicité. Sur les instruments, la face et les mains chancelantes, des hommes se tordent, comme brûlés d'un feu qu'ils veulent jeter au loin. Parfois une mélodie, lente, peureuse et fraîche traîne parmi l'incendie. Voluptueux les sons se pressent comme des grappes d'où jaillit un vin fumant. Jeux de tigres, jeux de baisers, rage dans la tristesse, désordre qui voulez périr de vos propres extases, vous me faites songer aux morts.

» Par delà les musiques et les soirs doux à la plaine, les jours de la terre chantent-ils sur eux comme ces violons sur nos cœurs ! »

Et que de paysages décrits avec une fine poésie, un sentiment profond, une sensibilité raffinée, une volupté physique. Dans ses pages de descriptions, Mlle Vacaresco fait songer à la comtesse Mathieu de Noailles. Celle-ci possède une science plus profonde de la psychologie ; chez les héros de Mlle Vacaresco les sentiments sont simples, primordiaux, sans complication ; ce sont des êtres ingénus et tout proches de la nature. Mais chez les deux roumaines, le sens de la nature offre les mêmes caractères de sentiments très vifs qui sont plutôt des sensations physiques, et celles-ci ont une acuité étrange, pénétrante, traduite par des images visuelles ou odorantes, si bien que dans l'âme de la romancière ou plutôt de la poétesse, le monde physique et le monde moral se pénètrent, se confondent, se mêlent et s'expriment par les mêmes signes.

L'intensité, la profondeur de l'émotion sont telles qu'il ne faut pas, et que l'on ne peut pas s'étonner si les signes en sont violents, heurtés, désordonnés, passionnés comme des cris.

Mêlez à cette rudesse ingénue, une charmante

inexpérience d'étrangère (1) qui n'écrit pas dans sa langue maternelle, et vous comprendrez la saveur particulière, exotique, orientale, un peu barbare de ces pages chaudes et colorées.

On en aime le parler qui sent son terroir et que parsèment et parfument des proverbes orientaux, des images tirées de la nature, des locutions connues là-bas et neuves ici : « Par ma vie qui fut douce, je ne mens pas ; — la lueur ruissela au plafond comme un filet d'eau rose ; — la poussière des jours a rongé mes épaules ; — le parfum de l'huile versée attire les morts ; — l'haleine de l'ivraie en fleurs ; — tu manies le fuseau mieux que la mort elle-même ; — les tombes où tu poses ton pied sont légères à ceux qu'elles recouvrent... »

Répandez sur tout cela les senteurs du maïs et des piments enfilés, des cierges brûlant près des veilleuses dans l'iconostase et devant les icones des petites basiliques dont les coupoles se gonflent comme des ampoules, le bruit que font la caroutza, le cobzar, la flûte de Pan, les sequins

---

(1) Vous pourrez noter dans *Le Sortilège* : Le goût métallique de sa ceinture *ternissait* sa salive ; le *jaillissement* de la faux dans l'herbe ; rire d'une façon *péremptoire* et discordante ; l'odeur *mâle* de la neige ; sa haute stature *gênait* le plafond ; des cheveux *ouverts* (pour dénoués) ; une boule de feu *déferle* dans le corps ; la brûlante *ourdissure* des affinités naturelles ; le *bruit* des membres en colère (dans une lutte) ; etc....

mêlés aux chevelures, la musique des noms propres, Ileana, Floarea, Zamfira, l'éclair des paillettes sur le s tabliers verts brodés, sur les voiles, le tintement des bracelets et des colliers, le balancement sonore de la *hora*, la blancheur du sel destiné aux bœufs, l'ombre des grandes perches qui émergent au-dessus des puits, le souvenir des heiduques : et vous comprendrez que rien n'est plus coloré, plus pittoresque, plus lumineux, plus doucement exotique que ce beau roman de Mlle Vacaresco : jamais elle n'a entendu avec une plus insistante précision, selon les vers du *Jardin Passionné* :

ma race qui chantait en moi comme un torrent.

Romans

Les autres romanciers sont nombreux, avec des caractères assez nets. D'abord la médiocrité de l'invention dans les péripéties et la composition. Leur imagination est plutôt représentative que créatrice. Ils sont plus raisonneurs que conteurs. C'est ce qui explique la brièveté des récits, et le grand nombre de nouvelles, qui dépasse de beaucoup celui des romans. En outre, et par suite de leur faculté d'observation plus aiguë que leur faculté d'affabulation, ils décrivent plus qu'ils ne content, ils copient ce que la réalité leur apporte de paysages, de décors, de types. De là le caractère, exotique pour nous, national pour eux, de leurs récits, qui sont autant d'exemplaires de la même image de la Roumanie pittoresque.

Ceux qui aujourd'hui continuent la tradition romancière ouverte assez parcimonieusement par les Eminesco, Eliade Radulesco, Geo Asaki, Nicolas Filimon, Nicolas Gane, Dora d'Istria, sont : I. Adam, né en 1875, mort en 1911, auteur touffu et original de *Ratacire* (Egarement) et *Sybaris* : Agarbiceano, auteur d'un intéressant recueil de Nouvelles de Transylvanie : *In clasa culta* (chez les gens instruits), *De la Tara, Dans les Ténèbres*, etc. ; Sandu Aldea ; Elena Bacologlu (*In Lupta*) ; Radu Baltag ; Popovici Banatzeanu, peintre des artisans de Transylvanie ; Jean Barseanu et ses histoires de chasses ; Jean Bart, perspicace observateur dans les notes de son *Journal de Bord* ; J.-A. Bassarabescu, né en 1870, ironiquement attentif aux mœurs de la province et de la bourgeoisie (*Nouvelles*, 1903 ; *La Chance*, 1907) ; Boteni, né en 1881 ; Bujor, auteur de la jolie nouvelle *Mi a Cintat Coucou in Jatza* ; Hug.

Callistrate, ingénieux, descriptif ; Caragiale, plus connu comme auteur dramatique, et qui a mis un réalisme attrayant ou terrifiant (*Le Cierge de Pâques*) dans ses Nouvelles : nous parlerons de lui au chapitre du théâtre. Virgil Caraivan, né en 1879, a publié trois vol. de Contes agréables : *Contes, Contes français, Contes de Partout* (1908-1909). Al. Cazaban, né en 1876, est un conteur humoristique de talent, comme aussi Al. Ciura, épris de Rêves, d'Images, de Souvenirs. Chiritzcsco s'inspire avec ardeur du « Popularisme ». Virgile Cioflec est peintre d'âmes. V. Crasesco, avec *Spirea*, nous donne un tableau saisissant de la vie des pêcheurs de la Dobroudja dans les marais où s'étale le Danube. Son type de Juif dans *Ovreiul* a du relief.

Jean Creanga avec ses *Povesti* et ses *Amintiri* atteint à la belle simplicité de l'art populaire dans l'expression de ses émotions ingénues. Sa réputation de grand prosateur est incontestée. Faisons place aussi aux romans et nouvelles de Ludovic Dans (*Ilusii, Doamnea Oltea.*)

B. St. Delavrancea compose de belles nouvelles d'un style alerte et suggestif, d'un réalisme animé : *Sultanica, Hagi Tudose, Entre le Rêve et la Vie, Le Troubadour, Les Parasites,* — sans parler ici de sa belle Trilogie : *Coucher de Soleil, Lucifer, La Rafale.*

Traian Demetresco analyse avec perspicacité les états d'âme de ses personnages dans *Jubita* (*L'Aimée*). A. Doinaru, Juliu Dragomiresco, nous amènent à I. Dragoslav, le bon conteur populaire qui a la verve et la couleur (*A l'auberge des Trois Pots de vin, La Fille du Pope, Contes*, 1911), comme aussi N. Dunareanu, voyageur attentif qui sait peindre les paysans et les pêcheurs, et V. Eftimiu, fantaisiste auteur de féeries populaires qui a écrit pour le théâtre, avec un grand succès : *Enfilez vous, perles !* et l'étrange *Galaction*. N. Gane est un des plus fins auteurs de Nouvelles ; il mérite sa haute réputation. Em. Garleano, le directeur du théâtre de Craiova, sait, en un style pur et chatié, nous présenter dans *Batranii* (Les Vieux), *Odata* (Une Fois), *Intro Noapte de Mai*, des types populaires d'un haut relief, et s'inspire heureusement de notre Jules Renard, dans ses esquisses de *Petites Bêtes*. Ajoutez Gorovéi, le peintre des mœurs provinciales, et Ion Gorun, poète qui écrit des romans, le *Robinson Roumain*, des nouvelles, traduit *Faust*, collabore à *l'Universul* ; et le transylvain Grigorovitza, au style clair, au regard net, et Mme Constanza Hodos, nouvelliste et auteur dramatique, P. Ispiresco, observateur minutieux, l'impressionniste Karnabat, Irina Lecca (*Sur la Piste de l'Amour*), Manolachi, Constanza Marino, J. F. Méra, I. Miclesco, l'auteur de

Mama ; C. Mille, déjà nommé parmi les poètes (*Dinu Milian*), Mora ; Sofie Nadedje, Chiru Nanov, Michel Negru, Jacques Negruzzi, talent sobre et distingué, Al. Odobesco « l'aristocrate » de la prose roumaine, l'auteur de *Pseudocyneget:cos*, de *Doamna Kiajna*, *Mihnea Voda*, *Cel Rau*, *Basmul feciorului de Imparat* (1); et le joyeux D. Patrascano, et le réaliste Vasile Pop (*Le Bagne de la Vie*, etc.), et l'ardent S. Prasin (*Calea Robilor*). Ionesco Quintus a fait le saisissant tableau d'*Un Ménage*. Radulesco Niger a de l'abondance : poète, auteur dramatique, il écrit aussi des romans et des nouvelles avec une égale facilité : *Etranger dans son Pays*, *Le Capitaine Rapata*, *Sa Majesté la Terre*, *Le Roman du Mariage*, etc. Le transylvain Ivan Pop Reteganul compose des œuvres typiques dans la note et le ton des romans de Slavici. Radu Rossetti a de belles qualités de description.

Sadoveano Michel, directeur du théâtre de Iassy, est le plus puissant prosateur de l'école littéraire groupée autour de la revue *Samanatorul* (Le Semeur).

Partie du romantisme héroïque (*Contes, les Faucons*), l'inspiration de Saldoveano évolua vers le naturalisme, pour devenir franchement réaliste dans ses derniers volumes de nouvelles (2).

(1) Il a étudié en français le *Trésor de Petroassa.*
(2) *Soimii* (Les Aiglons), roman historique ; *Dureri*

La prose de M. Sadoveano donne l'impression de la force tout en restant poétique D'un style riche, abondant de sève, les nouvelles de ce prosateur valent surtout par de merveilleuses descriptions de la nature. L'écrivain, en ses nombreux volumes, s'est cantonné dans la peinture des paysans et des petites gens dépourvues de toute culture intellectuelle.

Sandu Aldea est un styliste apprécié (*Carticica plugarului, Pe drumul Baraganului, In urma plugului, Doua Neamuri,* etc.).

N. Savulesco dans *Romanul unei iubiri* s'inspire de *Madame Bovary.* — I. Slavici décrit avec un vrai talent et un vaillant optimisme des scènes et des types populaires de la Transylvanie (*Gura Satului, Budulea Taïchi* et son chef d'œuvre *Moara Cu Noroc*). Il faut encore citer Th. Sperantza, Dem. Stanesco, H. Ionescu Sterian (*Marieta*), Gh. Silvan, conteur vigoureux ; D. Teleor, au talent délicat, Caton Teodorian, que son roman sur l'hérédité : *Le Sang des Solovens,* a mis au premier rang. L'excellent poète Vlahutza, dans son roman *Dan,* fait preuve d'une perspicace et pénétrante psychologie.

Bratesco-Voinesti I.-A., prosateur plus délicat que puissant, a écrit des nouvelles populaires sentimentales.

inabusite, nouvelles ; *Floare Ofilita* ; *Cantecul Amintirii, L'eau des Morts.*

Son œuvre littéraire assez mince — deux recueils de nouvelles — est la peinture très fine des gens, qui malgré leurs qualités de cœur et d'intelligence, ne peuvent pas s'adapter aux conditions de la vie.

L'œuvre de M. Bratesco-Voinesti constate de la justesse d'observation, par la sobriété et par une compassion attendrie pour les vaincus de la vie.

Nous retrouvons ici Diuliu Zamfiresco : il met une couleur vive, pittoresque, romantique dans ses récits : *La vie à la Campagne*, *Devant la Vie*, *Vieux Monde*, *La Guerre*, *Sans titre*, *Anna*, *Tanase Scatiu*, etc.

Enfin Eugénie Ianculescu de Reuss évoque dans ses romans, avec un relief curieux, les types de la Roumanie.

Théâtre

Le théâtre n'est pas la forme d'art qui attire le plus les écrivains roumains, trop personnels, trop lyriques pour s'extérioriser dans des caractères fictifs et étrangers à leur état d'âme réel.

Après Aristia, Asaki, C. Negruzzi, M. Millo, I. Creanga (1837-1889) sont venus Th. Aslan épris de Sophocle et d'Euripide, Bacalbasa (Const.), auteur gai de *Peticul lui Berechet*, comédie jouée au théâtre National, et de *Mos Teaca*, le Ramollot d'ici, collaborateur de la revue satirique de Caragiale *Moftul Roman*, La Blague Roumaine ; Zah. Barsan, né en 1879, qui a fait représenter au Théâtre National : *Marul, (La Pomme,) Sirena, Le Serment*, etc. ; Antoine Bibesco, dont la comédie *Le Jaloux* est un petit chef d'œuvre. Nicolas A. Bogdan (1), journaliste, directeur de revues littéraires, conteur, novelliste, poète, polygraphe, historien de la ville de Iassy, a, en collaboration avec le recteur Const. Climesco, de l'Université de Iassy, beaucoup écrit pour le théâtre, soit qu'il ait composé des œuvres originales, *Abraam*, légende biblique, *Ana Doamna*, dr. 5 a. ; *Berbecii la Pascut*, com. 3 a. ; *Bogdan I*, trag. vers, 5 a. ; *Bursucul Sau Un vinat primejdios*, com. 5 a. ; *Ciceron*, dr. 5 a. ; *Pe cimpul de Onoare*, dr. 3 a. ; *Trajan si Dochia*, lég. lyriq., 1 a. ; soit qu'il ait traduit les pièces françaises de Molière, Dumas fils, Murger, Gondinet, Banville, Ponsard, Octave Feuillet, Theuriet, Scribe, d'Ennery, Regnard, Pailleron, Labiche, Beaumarchais, Shakespeare, Zola ou Paul de Kock : son choix fut éclectique. Il a beaucoup servi la diffusion des œuvres dramatiques françaises en Roumanie, et il a fait la contrepartie dans la

____

(1) Né en 1858 à Iassy.

Revue Forézienne de Saint-Etienne par des articles : *La Roumanie, pays que les français devraient mieux connaître.*

N'omettons pas Dem. Bolinteanu, et venons à Caragiale.

I. Luca Caragiale (1) successivement journaliste, souffleur de théâtre, directeur de théâtre, directeur de la brasserie académique *Bene Bibendi*, directeur de la revue *Moftul* (La Blague), rédacteur à l'*Universul*, directeur du Café « *La Coopérative* », est, au théâtre, le peintre amusant et sagace de la société, de l'administration et des rentiers, une sorte d'Henri Monnier et de Labiche.

Caragiale Luca est le poète satirique de la bourgeoisie roumaine. Esprit profondément observateur, il saisit avec une pénétration étonnante et rend avec un bonheur d'expression puissant les travers et les ridicules de cette classe de la société qui a reçu quelques reflets de la civilisation moderne et surtout de la civilisation française, qu'elle a déformée de la façon la plus plaisante.

Ses comédies : *O noapte furtunoasa* (Une Nuit Orageuse) ; *O Scrisoare pierduta* (Une Lettre perdue) ; *De ale Carnavalului* et *Cuconu Leonida in fata reactiunei*, sont de vrais chefs d'œuvres qui tiennent la scène depuis vingt ans, et la tiendront

---

(1) Né en 1852. — *La Lettre Perdue, La Nuit orageuse, Le sieur Léonidas, La Nuit de Pâques, Schitze Noua*, etc.

encore longtemps. Quoique les vices et les travers que Caragiale persifle soient de ceux qui sont attachés à une époque et sont destinés à disparaître avec le temps, les œuvres qui les visent n'en vivront pas moins après leur disparition, comme vit et vivra toujours la comédie de Molière.

Il s'est essayé aussi avec succès dans le genre horrible, par exemple dans le *Cierge de Pâques* (traduit en français par Ad. Clarnet, 1912), où un aubergiste happe par une fente de la porte et fait griller sur un cierge, le bras d'un voleur : le détail y est sauvagement imaginé et rendu.

Son drame *Napasta* a de la vigueur.

Après Vasile Cosmoviei, G. Bengescu Dabija nous apporte une tragédie : *Pymalion* ; Al. Dorna, Lud. Daus, cultivent l'art dramatique en même temps que le roman, et Alexandre Davila, ancien directeur du Théâtre National et directeur du Théâtre Davila, élevé en France, favorise la représentation de nos ouvrages français dans son pays et pratique lui-même l'art théâtral avec succès. Sans parler de sa comédie *Le Cotillon*, 1900, et de ses comédies de paravent, son drame historique *Vlaicu Voda*, drame en 5 actes, en vers, (1902,) est un des meilleurs de ces dix dernières années.

Delavrancea Barbou, le grand orateur roumain a débuté par des nouvelles et des ébauches de romans.

Ses premiers recueils, écrits dans une langue colorée, sont d'une abondance et d'un mouvement qui trahissent visiblement l'orateur. D'une inspiration plutôt romantique et d'une forme réaliste, les volumes *Trubadurul* (le Trouvère) et *Sultanica* ne peuvent être regardés que comme des premiers coups d'ailes ; le roman *Parasitii* (les Parasites) a plus d'ampleur et plus d'observation. Mais l'art de M. Délavrancéa prit encore plus de consistance et devint même plus sobre et plus puissant dans le petit recueil de nouvelles, intitulé : *Entre le Rêve et la Vie*, qui est une manière de chef-d'œuvre.

Ayant quitté la littérature pour la politique, M. Délavrancéa fit dernièrement une rentrée sensationnelle, donnant successivement au théâtre trois pièces : *Apus de Soare* (Coucher de Soleil), *Viforul* (La Rafale) et *Luceafarul* (L'Etoile du Matin), qui forment une trilogie tirée de l'histoire de la Moldavie. Ces pièces où manque le métier, sont de nobles épopées.

Il a fait aussi une comédie : *Irinel*

Citons encore Demetriad et son *Renégat*, Dorna, né en 1870, traducteur de nombreuses comédies françaises et auteur de quelques comédies ; G. Diamandi qui fait du théâtre social et philosophique (*Bestia, Dolorosa*) ; P. Dulfu, né à Tohat en 1856, critique littéraire, traducteur de la tragédie *Iphigénie* (1879) ; Dutzesco Dutzu, qui collabore au théâtre avec V. Leonesco ; Eftimiu, D. Fagure, A. G. Floresco, diplomate, directeur de journal, ministre à Athènes, auteur de *Sanda* (1908) et de *Chinul* (1910) ; Hildebrand Frollo qui se prépara à la poésie par l'étude du droit Canon, et a traduit le *Prométhée* d'Eschyle et *Madame Inger* d'Ibsen ; I. Gavanesco ; B.-P. Hasdeu.

Vous voyez revenir ici la plupart des noms que nous avons croisés en poésie et dans le roman. L'art dramatique n'est pas encore une spécialité : chacun s'en pique.

Emil Isaac a rompu sa lance au service du symbolisme ; son drame neo-romantique *Maica Cea Tanara,* marqua le début et l'échec de cette école.

Herz A. (Dinu Ramura), né en 1887, a fait jouer sur la scène du Théâtre National *Iliash-Voda* (Le Prince Iliash) ; *In Noaptea Invierii* (La Nuit de la Résurrection) ; *Domnitza Ruxandra,* drames historiques. Il a traduit *Phèdre,* de Racine et *Patrie,* de Sardou.

Le Coup de Canif, comédie de Jean-Al. Lahovary a beaucoup plû à la Comédie Royale, à Paris (1912). Le poète Haralamb Lecca, au théâtre, a du métier (*Pentru o femee,* drame, 5 a. ; *Biana,* 3 a., vers ; *Flamanzii de Glorie,* com., 4 a. ; *La*

Suprême Force, Les Joueurs de Cartes, etc.). *Le Valet de Trèfle*, de V. Leonesco est une puissante peinture des faubourgs. Jean Livesco, né en 1873, acteur et professeur au Conservatoire, historien du Théâtre roumain, a fait jouer au Théâtre National *Floarea din Firenze* (2 a.). *Cerșetorul Ingerii lui Rafael*, pièce romantique en 3 actes. P. Locusteanu dans *La Femme de Cercelus* a peint de façon vive la vie des modestes employés bureaucrates. Macedonski avec C. Pavelesco a écrit une tragédie biblique : *Saül*. T. Miclesco, Polizu Miesunesti Michel, peintre (*Pe Tzarmul Marei, un militar din evul mediu*, etc.), musicien, auteur dramatique abondant (*Pamant, Osanda, Judecata, La 30 de ani*, etc.) ; Gh. Mortzun (*Stefan Hudici*) ; Sofia Nadedje avec ses drames socialistes : *L'Amour à la Campagne, Væ Victis* ; Em. Tr. Nicolau, auteur fécond (*Ziaristii Nostri*, au Théâtre National de Bucarest, *Urmarile* au Théâtre Davila, *Copii Nimanui*, au Théâtre de Craïova ; *Fiul ei*, au Théâtre National, *Doua Lumi*, au Théâtre Comœdia) ; Gh. Orleanu, né en 1873, qui vient de mourir ayant traduit des pièces françaises et écrit *Panea pacatului*, parabole en 4 a., en vers ; Pandelea ; Prasin, dramaturge historico-religieux (*Miriam din Magdala, Isus, Moise, Mahom*) ; Geo Ranetti, contribuent selon leurs facultés à enrichir le répertoire roumain qui attend encore plus de force, plus d'originalité, moins de traductions, d'adaptations et d'imitations.

La poétesse Riria a écrit un drame : *Elvire,* et une tragédie : *Ivan le Terrible, prince de Moldavie.* Elle a inventé et appliqué dans ses œuvres dramatiques un système de rime *retardée* qui donne à l'expression du jeu et de l'élasticité. Elle a exposé la théorie de cette innovation au Congrès de Psychologie de Rome, en 1906, dans une communication intitulée : *Observation psychologique sur le vers dramatique.*

Nommons pour finir R. Ronetti, Jul. Rosca (*Lapusneanu,* trag.). Dimitri Rosetti, qui cultive le genre de la revue de fin d'année; Geo. Sion, qui étudie Corneille et Racine ; G. Ventura. Les Comédies d'Adèle Xenopol ont été traduites en français, ce qui nous les rend accessibles. Elle a écrit des romans, des nouvelles et fait campagne pour le féminisme. La lecture de son théâtre est comme un voyage en Moldavie où l'on aurait soin de ne séjourner que fort peu dans les villes, juste assez pour y entrer dans la salle de rédaction d'une revue féministe (*La Boîte aux Lettres*) ; chez une dame qui chante agréablement devant son fiancé (*Entre Artistes*) ; chez une veuve qui a une fausse alerte bien amusante (*Le Revenant*), et dans un hôtel de ville d'eaux où un journaliste fait des siennes (*Aux Eaux*). Encore, dans ces différents milieux qui ne sont pas ceux de la haute aristocratie, rencontre-t-on, à chaque pas, d'intéressants détails locaux qui ne nous permettent pas d'oublier que nous avons pris le train.

Avec *Conflit céleste*, *Le Poète*, *La Fille aux mains d'ouate*, *Le Trésor*, nous sommes transportés d'un bond loin de Paris et loin de ce temps. Les indications de mise en scène sont d'une précision minutieuse, qui font de chaque page un tableau vivant de scènes rustiques ; dans les champs dorés de hauts blés, les tziganes font pleurer les violons et les laoutars font rire les flûtes de Pan ; là-bas, la petite biserica détache ses coupoles en ampoules vertes et rouges ; les paysans sont assis sous la galerie couverte qui précède la maisonnette, et il passe des popes au bonnet noir sans bords, des religieuses, des juifs, de belles filles aux deux tabliers brodés, aux cheveux nattés avec des sequins, des gas aux culottes en spirale, des intendants armés du fouet, et des voïvodes impérieux, raides dans leur colère et dans leur manteau rugueux de broderies d'or. Les gas boivent, dansent la hora, et les filles ont des terreurs d'ignorantes, des superstitions folles, et des naïvetés que l'on croirait fausses, si l'on ne savait le contraire. Les gamins chantent les refrains populaires, les femmes se signent en disant les vieux contes de la veillée, et les visiteurs, avant de saluer en entrant, vont baiser l'icone accroché près de la porte. Nous assistons, dans *La Fille aux mains d'ouate*, à une curieuse scène de marché aux bêtes ; le *Conflit Céleste* nous initie à la vie privée des paysans, et *Le Trésor* est le tableau des mœurs de la campagne il y a quatre-vingts ans.

Tel est dans ses grandes lignes le tableau de l'art dramatique contemporain. Il attend son chef-d'œuvre, et son auteur. Tous font du théâtre en passant et par occasion. Aucun ne s'y consacre tout entier. Le plan, la composition, l'invention, semblent gêner ces talents plus lyriques que scéniques. Le roumain ne semble pas jusqu'à présent avoir la tête dramatique. Il y a abondance : il faut attendre la qualité.

Ajoutons que l'art théâtral attire de plus en plus les écrivains. Il y a dix ans, Bucarest n'avait qu'un théâtre, le Théâtre National, sur lequel beaucoup de pièces françaises étaient représentées en français. Depuis, le nombre des œuvres dramatiques roumaines a augmenté dans des proportions considérables, et au lieu d'un théâtre, Bucarest en a cinq : Théâtre National, Théâtre Lyrique, Théâtre Davila, Comœdia, et la Cie Lyrique Grigoriu pour l'opérette. De cette agitation sortira sûrement une littérature dramatique.

J.

Histoire

Les plus anciennes chroniques en langue roumaine sont celles de Ureche (1) : *Chronique de Moldavie depuis le* xive *siècle jusqu'à* 1594 (2), avec des pages admirables sur le règne d'Etienne-le-Grand, sa rivalité contre Vlad l'Empaleur, la bataille de Razboeni ; de Miron Costin (3), chronique depuis les temps les plus reculés jusqu'en 1662, avec un tableau très vivant des mariages Daco-Romains et de la famille Borgia.

Après ces deux historiens qui rappellent, le premier Froissart, et le second Commynes, voici le Villehardouin de la Roumanie, et c'est Neculce (4), le fastueux conteur.

La *Chronique Anonyme*, les chroniques de Filipesco (1679), la chronique de Radou Popesco, celles de Mustea, de Canta, de Kogalniceano, d'Ecclesiarcul, de Zilot, de Milesco, offrent à l'histoire des xviie et xviiie siècles de précieuses sources d'information.

(1) 1560-1625.
(2) Edit. critique et traduction par Emile Picot, avec notes, tableaux généalogiques, Paris 1878.
(3) 1633-1662. — Son fils fut aussi un historien.
(4) 1672-1744.

La critique historique fait son apparition dans les livres érudits du prince Cantémir (1) de Jean Vacaresco, de Samuel Micu, de Sinkaï (2), de Petru Maïor, Hurmuzaki, Kogalniceano (3), après lesquels la science historique a compté Balcesco (4), Papiu Ilarian, Jean Ghika (5), Hasdeu, Odobesco, Urechia.

Les roumains cultivent avec succès et bonheur la science historique, qui leur réussit. Elle convient à leurs qualités de travail, d'étude, de réflexion, de raisonnement et de généralisation.

L'histoire compte aujourd'hui en Roumanie d'importants représentants: Autonovici, qui public des documents précieux ; Arbure, historien de *la Bessarabie en* 1812 ; Barbulesco, qui se consacre aux études Slavo-Roumaines ; A. Barseanu, transylvain, membre de l'Académie roumaine, historien et folkloriste ; Nic. Densuseanu, Dobrescu, B. Ducia, Erbiceano, qui étudie les phanariotes et l'influence grecque en Roumanie ; G. Ghibanesco, penché sur le Moyen Age ; Jonesco Gion, historien bien informé de la ville de Bucarest, des Phanariotes et des rapports entre Louis XIV et Constantin Brancovan ; C. Giurescu.

(1) 1673-1723.
(2) 1754-1816.
(3) 1817-1892.
(4) 1818-1852.
(5) 1814-1897.

N. Jorga, professeur d'histoire à l'Université de Bucarest, membre de l'Académie roumaine, érudit éditeur des *Actes et Fragments relatifs à l'Histoire des Roumains*, auteur de remarquables ouvrages : *Utilité générale des Etudes historiques* (1895); *Philippe de Mézières et la Croisade du xiv*[e] *siècle* (1892); *Histoire de la Maison Callimaki*, est un fécond et éminent historien. Colligeur précieux de documents, il apporte au travail une abondance copieuse de faits et de ressources. Son *Histoire du peuple roumain* (en allemand, 2 vol., 1904) ; ses *Souvenirs d'Italie*, ses études considérables sur le passé de l'Europe centrale et orientale, lui ont assuré un des premiers rangs parmi les historiens de son pays.

D.-J. Lupas, né en 1880, a scruté les origines du peuple roumain et campé les figures altières du métropolite Saguna et du comte Szechenyi.

Silv. Moldovan est l'auteur de bonnes monographies historiques et du dictionnaire des localités roumaines de Hongrie. Const. B. Obedeanu a étudié les Phanariotes, la Roumanie du xviiie siècle, les partis politiques jusqu'en 1848, et publié la correspondance diplomatique du Prince Brancovan avec Louis XIV. Onciul connaît le passé le plus reculé des Principautés Danubiennes ; Pacatian se consacre à l'histoire des Roumains de

Transylvanie (1) ; Périclès Papahagi, à celle des Roumains de Macédoine ; Parvan à celle de l'époque romaine de la Roumanie. Mme A. Bragadir Popp a étudié les statuettes de Tanagra ; ajoutez Sarbu, Jean Slavici pour ses travaux sur les relations roumano magyares, Stephanelli, historien de la Bucovine.

Alexandre A.-C. Sturdza a élevé à la gloire de son pays un beau monument, et c'est son important ouvrage : *La Terre et la Race roumaines depuis leurs origines jusqu'à nos jours* (2), d'un plan large et nettement conçu, d'une documentation énorme et consciencieuse, d'une lecture agréable et utile. Après une complète bibliographie qui indique et circonscrit le champ des recherches, l'auteur fait de son pays un tableau pittoresque et vivant dans les chapitres de géographie physique, politique, économique. L'histoire du peuple roumain depuis les temps préhistoriques est racontée avec sûreté, netteté, impartialité et conscience, en 300 pages. Suivent d'intéressantes études sur la langue, la grammaire, la phonétique, l'histoire litté-

(1) Les Roumains de Transylvanie sont actuellement divisés en deux groupes, celui du *Romanul* et celui de la *Tribuna*.

(2) En français : 724 pages, tableaux, gravures et cartes. Paris, Laveur, 1904 : *Géographie, Histoire, Culture et Civilisation* (Littérature, Arts, Sciences). Ce chapitre nous a utilement servi pour cette étude, et nous en remercions ici l'auteur.

raire, folklore, histoire, philologie, roman, théâtre, poésie ; l'archéologie, l'art médiéval, l'art moderne ; l'état actuel de la science. Malgré l'apparence compacte de ce gros ouvrage, il se laisse et se fait lire avec agrément, et il n'en est pas de plus abordable ni de meilleur à recommander en France pour prendre une idée générale de la Roumanie.

Démètre A. Sturdza, historien, économiste, a occupé les plus hautes fonctions de l'Etat. Avec un labeur énorme il a pris à la politique le temps d'écrire de nombreux ouvrages d'histoire et de numismatique.

Signalons les remarquables travaux archéologiques de Oreste Tafrali ; les études de Tanoviceano sur la noblesse Moldave ; les livres si appréciés de G. Tocilesco, archéologue et épigraphiste estimé dans tout le monde savant : *Histoire de la Dacie avant les Romains, Le Monument d'Adam Klissi, Fouilles et Recherches archéologiques*, etc. ; ceux de N. Ureche, d'Ursu, historien de la Moldavie au xvie siècle, de Theod. Vacaresco, sur la Guerre de l'Indépendance de 1877, et saluons enfin la belle figure scientifique de A.-D. Xénopol, membre de l'Académie Roumaine, correspondant de l'Institut de France.

Alexandre D. Xénopol est la gloire de la science historique roumaine. Erudit, critique sagace, à la fois savant et philosophe, écrivain précis, il

a intéressé l'Europe entière à ses beaux travaux :
*Histoire des Roumains de la Dacie Trajane, Les
-Roumains au Moyen Age, Etudes sur l'Histoire
du Peuple Roumain*. Il est très apprécié à Paris
où il a professé avec une grande autorité à la
Sorbonne. De Gaston Boissier, qui fut son ami,
il a la physionomie au physique et au moral.
Sa belle théorie de la *Philosophie de l'Histoire*,
qu'il a exposée avec une grande élévation de pensée, et une abondante richesse de points de vue
ingénieux et neufs, a séduit tous les esprits cul-
tivés de l'Ancien et du Nouveau Monde.

Histoire Littéraire

L'histoire littéraire est une des subdivisions
de l'histoire ; elle consigne et généralise les faits
qui se produisent dans l'évolution des idées et
des connaissances, et par là elle est une science.
Elle a en Roumanie de nombreux adeptes : Gh. Ada-
mesco ; G. Bengesco connu et apprécié en France
pour ses grands travaux bibliographiques, notam-
ment son excellente bibliographie Voltairienne, sa
bibliographie Franco-Roumaine, sa bibliographie

raisonnée des œuvres de Carmen Silva : J. Bianu qui avec Nerva Hodos dresse la bibliographie de la Roumanie ancienne et fait d'utiles travaux d'histoire littéraire ; Duica G. Bogdan, qui publie de délicates études.

Hilaire Chendi, né en 1872 a publié des traductions d'Ibsen, des Impressions, quatre volumes de bonne critique, des études sur Alecsandri, Eminesco, Negruzzi, Créanga, etc.... et de nombreuses brochures sur une foule de questions littéraires dans l'examen desquelles il montre une grande science et un sens juste. Comme A. Demetresco, Aron Densuseano et son fils Ovide connaissent à fond l'histoire des lettres roumaines.

Dragomiresco Michel, né en 1868 à Platareshti, professeur de littérature roumaine à l'Université de Bucarest, directeur des *Convorbiri Critice*, a publié plusieurs ouvrages de philosophie, d'esthétique et de critique, des études dramatiques, des traductions du grec ancien, des ouvrages didactiques : c'est un savant distingué et apprécié. Nommons Evolceanu, Octavian C. Taslauanu, né en 1876, défenseur des Lettres roumaines en Transylvanie.

Gherea I.-C. Dobrogeano, né en 1855, russe naturalisé, a réuni dans un volume d'un intérêt puissant ses *Etudes Critiques* de la question sociale. Son récent ouvrage de sociologie : *Neo-*

ibagia, a soulevé de longues discussions et ému l'opinion. Sa critique littéraire, documentée et précise, est à l'égal de celle que fait Maïoresco.

Rendons encore ici hommage au fin critique Michel Holban, à Jonesco Gion, Grigorovitza, à Ibraïleno, polémiste vigoureux (*L'Esprit Critique* ; *Les Auteurs et les Ecoles*) ; à Sofron Ivanovici, né en 1874, poète (*Spre Ideal*) et écrivain humoristique (*Dictionnaire des Intellectuels*), qui a fait le tableau de la Littérature Roumaine en 1910, dans *Cum Stam Cu Literatura* ; à Spiridon Popesco ; à Philippide, historien, comme Densuseano, de la littérature de son pays. Il convient de leur adjoindre : Th. Cornel qui esquissa, en 1903, un judicieux tableau de la Littérature Roumaine.

Critique Littéraire

L'historien littéraire ne peut demeurer indifférent ; il juge, jauge, apprécie et fait œuvre de critique. Certains sont plus critiques qu'historiens. L'esprit critique est heureusement développé en Roumanie. Les intelligences y sont jeunes et vives ; elles apprécient moins le savoir que les opinions, moins l'érudition que la personnalité et l'originalité.

C'est ce caractère qui distingue le talent des écrivains que ce genre attire : N.-J. Apostolesco, docteur ès-lettres de l'Université de Paris, qui a donné en 1909 un excellent travail : l'*Influence des Romantiques Français sur la poésie Roumaine* ; le Prince C. Brancovan qui fonda à Paris *la Renaissance Latine* avec la Comtesse Mathieu de Noailles ; Mme Sophie Brun qui sème les fleurs de sa rhétorique sur les fins tissus de ses chroniques ; G. Burghele, esprit vigoureux ; Caïon (C.-G. Jonesco), esprit critique, riche et varié, qui a une profonde connaissance de la critique française ; Ilarie Chendi, critique avisé, qui fait chaque année une excellente revue de l'Année Littéraire dans *Luceafarul* ; Ciotori ; Couza vivifie l'art par le nationalisme ; Ch. Drouhet, comme Apostolesco. a étudié l'*Influence de la Littérature Française sur la Littérature Roumaine*. Et ce fut aussi le souci d'un homme de talent robuste, à la plume châtiée et sobre, imbu des idées françaises, ancien élève de l'Ecole Normale de la rue d'Ulm, docteur ès-lettres de l'Université de Paris, Pompiliu Eliade, né en 1870, dont l'*Histoire de l'Esprit public en Roumanie*, inspiré par la méthode de Taine, est une œuvre de valeur et fait autorité, ainsi que ses trois volumes de *Causeries Littéraires*.

C. Erbiceano délimite l'influence grecque sur l'esprit roumain. P.-V. Hanes écrit de fines *Etudes Littéraires*.

De la même famille intellectuelle, quoique plus jeune est E. Lovinesco, docteur ès-lettres, de la Faculté des Lettres de Paris, maître de Conférence à l'Université de Bucarest. Il a publié en français deux grands volumes : *J.-J. Weiss et son œuvre littéraire*, avec une préface par M. E. Faguet, et *Les Voyageurs français en Grèce, au* xixe *siècle*, avec une préface par M. Gustave Fougères.

M. Lovinesco a publié en roumain une dizaine de volumes, dont la plupart est consacrée à la critique littéraire. Il a entrepris en ce moment une vaste histoire de la Littérature roumaine par monographies ; le premier volume a déjà paru (Grégoire Alexandresco) et le second (C. Negruzzi) est sous presse.

Maïoresco Titus, l'homme d'Etat bien connu (il est actuellement Président du Conseil), le grand orateur parlementaire, dont les discours ont été réunis en cinq volumes, le professeur de philosophie qui, après avoir étudié à Vienne, à Berlin, à Paris, a illustré l'enseignement supérieur pendant plus de quarante années, le recteur de l'Université de Bucarest, a été aussi le chef indiscutable du grand mouvement littéraire de la " *Junimea* " (la Jeunesse), avec J. Negruzzi,

P. Carp, V. Pogor. Leur revue, *Les Causeries littéraires* (Convobiri literare), continue de paraître après une existence mêlée à tous les progrès intellectuels de la Roumanie moderne.

Esprit éminement critique, lucide et incisif, T. Maïoresco a fait sortir la culture roumaine des nuages héroïques et romantiques de 1848 où elle paraissait s'attarder pour l'acheminer sur la route du bon sens dont il a assuré le triomphe.

Signalons les excellentes chroniques littéraires bi-hebdomadaires, que depuis dix ans consacre aux livres nouveaux roumains dans *Le Mercure de France* M. Montandon, qui, je crois, n'est pas un roumain.

La critique littéraire compte, en outre, les noms estimables de I. Nadedje, N. Patrasco, Isabelle Sadoveano, fin aquarelliste de portraits littéraires, qui surveille les œuvres nouvelles parues à l'étranger ; Sanielevici, essayiste heureux. Shiera J. G. qui vit à Czernowitz, où il s'attache à l'histoire littéraire du peuple roumain et surtout de la Bucovine ; D. Jon Scurtu, historien et éditeur critique des œuvres d'Eminesco ; Rodion Steuermann, A. Thodoru, Tiktin ; D. Tomescu, plein de sens et de goût ; Ventura, mort en 1909, bon critique dramatique, qui ne compte pas parmi ses moindres œuvres sa fille, notre tragédienne.

Philologie

Quand la critique des idées s'attache aux expressions, aux mots, aux formes, à la syntaxe, au lexique, elle devient critique des textes et philologie.

Dans ce genre (1) excellent, pour continuer la glorieuse tradition des Petru Maior, Samuel le Petit, Sinkai, Jean Vacaresco, Jorgovici, Golesco, les philologues et grammairiens modernes : Balcesco, Alex. Bogdan (travaux sur la métrique d'Eminesco et le rythme des chansons enfantines) ; Boliac, Aurel Candréa, T. Cipariul, Gr. Cretzu (études philologiques sur le vieux roumain) ; Densuseano, historien de la Langue Roumaine ; Frollo, professeur de latin et traducteur des anciens ; M. Gaster, Gröter, Lambrior, Laurian, Manliu, B. Marian, (traducteur inlassable de Spencer, Renan, Carmen Silva (*Gebet*), Ibsen, Flammarion, Benj. Constant (*Adolphe*), Richepin, Max Nordau, Maupassant, P. Bourget, Zola, Tolstoï, Gogol, Schiller, Nanssen, Lermontow, etc.) ; Pascu, Phi-

_____

(1) Un souvenir est dû à B.-P. Hasdeu, le Littré de la Roumanie, pour ses remarquables travaux : *Principii de Filologie Comparativa*, 1875 ; *Fragmente pentru istoria limbei romane*, 1876. *Principii de Linguistica* (1881); *Studii de Sciinta limbei; Columna lui Trajan* (1882), *Cuvente Liu Betrani*.

lippide, Aron Pumnul, fervent de l'orthographe phonétique ; Sextil Puscariu, penché sur les étymologies, chargé de la rédaction du Dictionnaire de l'Académie roumaine ; Saiseanu, G. Weigand.

Folklore

Et c'est aussi dans la langue populaire de la tradition orale, dans le folklore, les légendes, les fables que d'autres savants vont chercher le secret de l'âme roumaine, qui a enfoui chez le peuple le meilleur d'elle-même : Virgil Caraïvan, Arthur Gorovei, Fl. Marian, Chiru Nanov, Théod. Pamfil, Iosif Popovici, qui étudie les dialectes d'après les ballades ; Lazar Seineanu, Hélène Sevastos, travaillent à établir et à commenter le *corpus* des légendes orales roumaines ; Th. Sperantza étudie les Fables ; Jules Zanne fait d'intéressantes études comparées sur les proverbes usuels.

Il serait injuste de ne pas nommer ici Jules Brun et Léo Bachelin (1), ces roumains d'adoption qui

---

(1) Leo Bachelin : *Le Château de Sinaïa.* — *Études Roumaines*, Introduction folkloriste aux *Sept Contes Roumains.*

Jules Brun : *Les Chevaliers de la Hache*, très curieux

ont tant fait pour divulguer en français le Romancero roumain.

Philosophie

Les problèmes de la philosophie, psychologie, logique, éthique, métaphysique, préoccupent et passionnent l'esprit jeune et sérieux de ce peuple qui a si longtemps réfléchi, replié sur lui-même. Parmi ses actuels penseurs, C. Antoniade a étudié Bergson et Carlyle, G. Aslan, né en 1881, à Focsani, docteur ès-lettres de l'Université de Paris, est un des jeunes philosophes qui promettent un bel avenir. Il a publié en français *La morale selon Guyau et ses rapports avec les conceptions actuelles de la morale scientifique*, 1906, travail auquel Victor Delbos accorda l'attention de sa critique. Séailles préfaça *L'Expérience et l'Invention*

roman roumano-bulgare, 2 vol., 1901. — *La Fille du Laoutar*, roman. — *Sept Contes Roumains*, traduits. — *A propos des Roumaines et Roumains*, étude. — *Les Roumaines et Roumains*, contes roumains, traduits en vers. — *La Veillée*, douze contes roumains, préface de Jules Simon, introduction folkloriste de B.-P. Hasdeu. *L'Art Religieux au Musée de Bucarest*, préf. de G. Tocilesco (1902).

en morale, en 1908, intéressant essai de concilia-
tion entre la tradition et la sociologie moderne. En
roumain, M. Aslan a publié des ouvrages de pédagogie, de psychologie, de morale qui lui ont valu la
précieuse approbation des esprits les plus distin-
gués et les mieux avertis.

Comptez encore J.-B. Cantacuzène, traducteur
de Schopenhauer, Cipariul, le bon métaphysicien
V. Conta, N. Costin, Demetresco, Djuvara, qui
étudie le Pragmatisme, Draghicesco, auteur d'une
Psychologie du Peuple roumain, **Ervin (1)**, tous
philosophes d'entendement robuste.

Jean Pope Florantin, né en 1843, à Poptclei de
Craïné (Transylvanie), s'est dépensé en multiples
publications scientifiques, philosophiques, pédago-
giques, avec l'abondance d'un riche polygraphe.
Logique, éthique, esthétique, tout l'a attiré, et il a
mis la plus infatigable plume au service de sa théorie du *Conséculisme Universel*, nonobstant son bagage littéraire, qui comprend des romans et nouvelles, *Horea, Avram Iancou* ; des poèmes, *Théos, Le
Vampire* ; des tragédies, *Décébal, Attila* ; une épopée,
Étienne le Grand : encore suis-je loin d'avoir tout
cité.

Son fils Laurent Florentin, né en 1877, à Galata,
a étudié le problème de l'âme, la matière, l'atôme,

(1) Pseudonyme de M. Densuscano.

la vie, avec une vaste connaissance de tous les systèmes philosophiques.

Ajoutez D. Gusti, Laurian, l'éminent Maïoresco,
l'idéaliste Sim. Mehedintzi, Micul, Radulesco
Motru, Murgu, J. Petrovici, auteur de fortes
études philosophiques et d'une Nouvelle Méthode
en Logique ; M. Strajan, autre traducteur de Schopenhauer, qui séduit la mélancolie roumaine ; Tau-
san, Vaschide, qui se fit un nom dans les sciences
psychiques ; A.-D. Xenopol, qui tira une philosophie de l'histoire.

Pédagogie

En général la psychologie, et surtout la morale,
ont séduit les Roumains plus que la métaphysique.
Ils restent bien en cela les fils des Romains. Une
des provinces de la morale est celle de l'éducation.
La pédagogie est l'objet de fréquentes et excel-
lentes études, souvent écrites par des femmes :
Marie Butzureano, conférencière didactique, ou
Anne Kernbach, et par MM. Conta, J. Gavanescul,
Zossima

Sociologie

La psychologie, étude de l'individu, nous amène à la sociologie, étude des groupes. Elle préoccupe vivement les Roumains, qui oscillent entre les vieilles traditions d'autocratie et les aspirations humanitaires de la fraternité.

Les questions sociales, répartition de la richesse, équilibre des classes, le paupérisme, le mieux être, sont traités avec un sens profond d'humanité et une connaissance large des systèmes antérieurs dans les livres de Cocea jeune et ardent, J. Draghicesco, qui a consacré de fortes pages au rôle de l'individu dans le déterminisme social et à la psychologie du peuple roumain ; de J. Duscian, éminent sociologue qui vit à Moscou, mais fait de là rayonner sa pensée sur son pays ; C. Gherea Dobrogeano est le chef intellectuel du parti socialiste,

D. Gusti, le mathématicien Spirou Haret, Emil Isac, le philosophe Radulesco C. Motru, né en 1868 (*Étude sur la théorie de la causalité dans Kant, Culture roumaine et politicisme, Puterea Sufleteasca* 1912) ; Mille, G. Panu, ont donné d'importantes études de sociologie.

Theresa Stratilesco a publié en anglais une complète et importante contribution à la question des paysans du Danube, — question d'une actualité brûlante qui emplit le programme de la nouvelle école le *Tzaranisme* ou *Popularisme*.

N'oublions pas les excellentes études économiques de Nicolas Xénopol, directeur de l'intéressante revue *Le Mouvement Economique*.

Juristes

La Roumanie compte des juristes éminents, professeurs ou magistrats : Alexandresco ; G. Cantili ; Theodorian Carada, né à Craiova en 1868, a consacré trois importants volumes au Droit Canonique oriental, 1907. Il a écrit sur le Re-Mariage des prêtres orthodoxes veufs, a étudié la constitution et les partis politiques de son pays, et s'est reposé de ses polémiques de canoniste par des romans dont la vie religieuse fait encore les frais.

Un témoignage est à présent dû à Danieleano, à Constantin G. Dissesco, professeur de droit à l'Université de Bucarest, ancien ministre, qui a publié des livres qui font autorité : *Droit constitutionnel,*

Origines du Droit Roumain, *Essai sur la Propriété*, *Histoire et Principes du Droit public roumain*.

Il faut encore faire place ici à Jean Kalindero, administrateur des Domaines de la Couronne, jurisconsulte d'une vaste compétence ; Jean Lahovary, ancien ministre des Domaines ; Rosetti, A. Shendrea, G.-C. Stere, D. Sturdza, G. Tocilesco, juristes avertis et respectés.

Savants

De nombreux et éminents savants, médecins, chimistes, zoologues, ingénieurs, font une cohorte imposante aux penseurs dont nous venons de voir défiler les rangs. V. Anestin s'est voué à l'astronomie, étudie Newton, Giordano Bruno, et observe planètes et comètes.

G. Antipa a consacré aux poissons des travaux de premier ordre. Le bactériologue V. Babes s'honore d'être un des collaborateurs du Dr Cornil. J. Hépites se consacre utilement à la météorologie. C. Istrati, correspondant de l'Académie de médecine de Paris, est un chimiste éminent dont les recherches sont bien connues et appréciées par le monde savant. Le zoologue N. Leon écrit des traités fort remarqués d'entomologie. G. Marinesco étudie dans de remarquables travaux la cellule nerveuse. Le chimiste P. Poni analyse les éléments constitutifs du pétrole. Emile Racovitza, qui vit en France, où il dirigea le laboratoire de Banyuls, s'est consacré avec succès à la zoologie antarctique et à la faune marine.

L'ingénieur Anghel Saligny a fait les calculs du fameux pont du Danube, une des merveilles de la science. Sava Stefanesco connaît admirablement la géologie de la Roumanie. Le monde savant apprécie les remarquables travaux de N. Téclou sur la flamme.

CORPS SAVANTS

L'Académie Roumaine

L'idée de fonder en Roumanie une Société Littéraire ayant pour but l'élaboration d'un Dictionnaire et d'une Grammaire de la langue roumaine, date de 1860. Le poète G. Sion en prit l'initiative dans sa revue *Revista Carpatzilor*. Le Ministre de l'Instruction Publique, Nicolas Kostzulesco soumit en 1865 au Conseil des Ministres, puis au Prince, le règlement de la future Société. Les événements politiques qui mirent fin au règne du Prince Couza retardèrent la fondation jusqu'en 1866, sous le régime de la Lieutenance Princière qui précéda l'appel du Prince Charles de Hohenzollern au trône de Roumanie. La Lieutenance, par un décret du 20 Mars 1866, créa cette Société littéraire qui fut plus tard érigée en Académie Roumaine, et celle-ci eut un programme plus large. Le Dictionnaire et la Grammaire de l'Académie n'ont pas encore paru.

La Société primitive comptait 21 membres. Depuis 1867 elle a porté le nom de Société Académique Roumaine et n'a été jusqu'en 1879 qu'une Institution privée.

A cette dernière date, elle devint une Société Nationale avec le nom d'Académie Roumaine et avec l'organisation actuelle.

Elle a trois sections, comprenant chacune douze membres actifs et quinze correspondants (ce nombre est fixe pour les nationaux seulement, car le nombre des correspondants étrangers est illimité). Les trois sections sont : Scientifique, Littéraire et Historique. Chaque section élit annuellement son président et son vice-président ; le secrétaire général est élu tous les sept ans (actuellement Dem. Sturdza, 1905) ; le président et le vice-président (actuellement M. Jacques Negruzzi est président), tous les trois ans. Les séances sont hebdomadaires et ont lieu tous les vendredis ; le premier vendredi de chaque mois, une séance publique est consacrée aux communications scientifiques. Le premier mai commence la session générale, qui dure 25 jours et pendant laquelle l'Académie prend diverses dispositions en vue de la répartition de ses travaux. Les publications de l'Académie sont : (*a*) Les Annales (depuis 1867), qui comprennent : 1º les Débats ; 2º les Mémoires de la section littéraire ; 3º de la section scientifique ; 4º de la section historique : (*b*) des auteurs classiques traduits ; (*c*) des publications bibliographiques ; (*d*) économiques ; (*e*) ethnographiques ; (*f*) *Din viata poporulaui romani* (de la vie du peuple roumain), collection de folklore ; (*g*) publications historiques ; (*h*) publications philosophiques ; (*i*) la collection des documents Hurmuzaki ; (*j*) les publications du fonds Princesse Aline Stirbey ; (*k*) les publications scientifiques ; (*l*) les publications du fonds Basile Adamaki. Sur le dernier exercice l'Académie a décerné 55.291 francs de prix ; elle a acquis pour 31.052 fr. d'ouvrages ; elle en a publié pour 82.819 fr. ; des livres ont été donnés aux écoles des villages pour 12.112 fr. ;

les frais pour le dictionnaire furent de 57.500 fr. Le capital de l'Académie atteint 17.000.000 fr. La bibliothèque possède 150.000 volumes ; 10.130 estampes ; 6.584 manuscrits ; 35.577 documents.

Présidence d'honneur : le Roi Charles de Roumanie ; membres d'honneur : la Reine Elisabeth, le Prince héritier et le roi Victor-Emmanuel III d'Italie. — Membres actifs de l'Académie roumaine : 36. — *Section littéraire* : Barseanu (André), 1er avril 1908, Transylvanie ; Bianu (Jean), 3 avril 1902, Bucarest ; Caragiani (Jean,) Iassi, 3 avril 1866 ; Gane (Nicolas), 1er avril 1908, Iassi ; Maiorescu (Titus), 20 juillet 1867, Bucarest ; Naum (Antoine), 11 mars, 1893, Iassi ; Negruzzi (Jacques), 26 mars 1881, Bucarest ; Philippide (Alexandre), 1er avril 1900, Iassi ; Puscariu (Jean), 4 avril 1900 ; Quintesco (Nicolas), 14 septembre 1877, Bucarest ; Sbiera (Jean), 11 juin 1866, Bucovine ; Zamfiresco (D.), 1er avril 1908, Bucarest.

Section historique. — Bodgan (Jean), 29 mars 1903, Bucarest ; Erbiccano (Const.), 8 avril 1899, Bucarest ; Iorga (Nicolas), 26 mai 1910, Bucarest ; Kalindéro (Jean), 13 mars 1893 ; Mangra (Bazile), 27 mai 1909 ; Marienesco (A.), 26 mars 1881, Transylvanie ; Moldovanu (Jean-M.), 11 avril 1894, Transylvanie ; Onciul (Démètre), 11 avril 1905, Bucarest ; Stefanelli (T.-V.), 26 mai 1910,

Bucovine ; Sturdza (Démètre), 15 septembre 1871, Bucarest ; Sutzo (Michel-C.), 27 mai 1909, Bucarest ; Xénopol (Alexandre-D.), 11 mars 1893, Iassi.

Section scientifique. — Antipa (Gr.), 14 mai 1910 ; Babes (D.-Victor), 11 mars 1893 ; Craïniceano (Général Gr.), 18 mai 1911 ; Haret (Sp.), 31 mars 1892 ; Hepites (St.-C.), 3 avril 1902 ; Istrati (Dr. C. I.), 7 avril 1899 ; Marinesco (Dr.-G.), 9 avril 1905 ; Mrazec (L.), 11 avril 1905 ; Poni (Pierre), 30 juin 1879, Iassi ; Saligny (A.), 7 avril 1897 ; Simionesco (Dr.-J.), 18 mai 1911 ; Teclu (Nicolas), 2 juillet 1879, Vienne.

La Société Géographique Roumaine. — Fondée en 1875 sur les instances du roi Charles de Roumanie, elle tient une Assemblée générale chaque année (trois à quatre jours), dans laquelle sont faites des communications ; une séance ordinaire a lieu chaque mois. La Société distribue des prix aux auteurs d'ouvrages relatifs aux districts roumains et envoie des boursiers à Berlin et à Paris.

Publications : Bulletin trimestriel (I-XXXI) ; *Dictionnaires Géographiques des districts roumains* (31 vol.). Le *Grand Dictionnaire géographique de la Roumanie* (5 vol.), le *Dictionnaire géographique de la Bessarabie* (1 vol.) ; le *Dictionnaire géographique de la Bukovine* (1 vol.) ; Budget annuel : 24.750 fr. — Elle compte vingt Membres d'honneur et 400 Membres actifs. Elle a pour Président, Le Roi de Roumanie ; et pour Vice-Président, le Général Barozzi. Le Secrétaire Général est M. Sabba Stefanesco.

Société Roumaine des Sciences de Bucarest. — Fondée en 1890, elle forme trois sections : Mathématiques, Physique, Sciences Naturelles. Elle compte 29 membres honoraires étrangers. Président : P. Poni ; Secrétaire Général : Dr.-C.-I. Istrati. — *Publication* : Bulletin de la Société des Sciences (vol. i-xx).

Société Polytechnique. — Fondée en 1881, réunit 432 Membres. *Publications* : Bulletin (i-xxvii) ; Rapports officiels (1 vol. par an) ; Partie technique (1 vol. par an). — Président : D. Saligny ; Vice-Présidents : T.-A. Pangrati et St. Gheorghiu. — Elle possède une riche bibliothèque scientifique.

Fondation Universitaire Charles I. — Elle fut fondée par le Roi, à l'occasion de son 25e anniversaire (3 mai 1891). — Elle possède une bibliothèque pour les étudiants, et elle sera pour eux un foyer, qui n'existe pas encore, mais dont le fonds est employé actuellement pour aider les étudiants à continuer leurs études et à imprimer leurs thèses. La Bibliothèque a été inaugurée le 24 mars 1895. La direction en est confiée à un bibliothécaire sous la surveillance du Recteur de l'Université de Bucarest. — L'actif de la fondation est de 1.032.400 fr. ; le budget annuel : 61.286 fr., dont 12.000 pour les acquisitions nouvelles et 11.900 pour les bourses. La bibliothèque possède 24.513 vol., outre une riche et tout à fait .remarquable collection de clichés photographiques pour projections de reproductions d'œuvres d'art de tous les pays et de toutes les écoles, — ensembles et détails. Le nombre des lecteurs est de 51.461. Le Bibliothécaire est le distingué critique d'art Prof. Al. Tzigara-Samurcas.

Commission des Monuments historiques. — Fondée en 1892 et annexée au Ministère de l'Instruction publique, elle a pour but la conservation et la restauration des monuments historiques et artistiques roumains. Son organe officiel est le Bulletin de la Commission des Monuments historiques (trimestriel), qui paraît depuis 1908. J. Kalindéro en est le président ; le Professeur-Architecte Gr. Cerkez, le Prof. N. Pangrati, le Prof. T. Parvan composent le Conseil de direction. Secrétaire : A. Lapédatu.

Commission historique de Roumanie. — Fondée en 1910 par le Ministère de l'Instruction publique et des Cultes, elle a pour objet de publier les documents historiques pour l'histoire roumaine (chroniques, manuscrits, inscriptions, vieux textes). Elle reçoit une subvention annuelle de 28.000 fr. Le Président est le Prof. I. Bogdan ; les Membres sont : Prof. D. Onciul ; Prof. I. Bianu ; Prof. C. Giuresco, Dr. D. Russo ; Secrétaire : A. Lapedatu.

A Iassy :

La Bibliothèque de l'Université de Iassy possède 160.000 vol. et 148 manuscrits. Le Bibliothécaire est le Prof. I. Caragiani.

La Société des Médecins et Naturalistes fut fondée en 1833 par le Dr. Cihac, avec 100 membres. Elle publie le Bulletin des Médecins et Naturalistes de Iassy. Son Président est Dr. G. Démétriade. Elle a une bibliothèque et un riche Musée zoologique.

La Société Scientifique et Littéraire de Iassy, fondée en 1889, tient des séances hebdomadaires et publie *Arhiva* (L'Archive), qui paraît depuis 1889 en 10 livraisons par an. Le Président est le Prof. T.-T. Burada ; Président de la Section scientifique : Dr Léon Cosmovici. Président de la Section littéraire : Prof. A.-D. Atanasiu. Elle possède une bibliothèque (1.230 vol.) et une collection de moulages d'après des inscriptions (3.000 pièces).

La *Société des Sciences* date de 1900 et réunit 73 membres. Elle publie en français les : *Annales Scientifiques de l'Université de Iassy*. Le Président est le Prof. Pierre Poni.

Ce simple aperçu suffit à donner une idée de l'activité intellectuelle d'une société, qui suffit à la création, à l'existence, au travail d'un si grand nombre d'importants corps savants.

La Presse

—

Principaux Journaux Roumains

En Français :

Le Courrier des Balkans (I.). — *L'Indépendance Roumaine* (L.). — *La Politique* (C.). — *La Roumanie* (C. D.).

En Allemand : *Bukarester Tagblatt.*

En langue roumaine :

Actiunea (C. D.). — *Adevarul* (I.). — *Argus Commercial.* — *Conservatorul* (C.). — *Constitutionalul* (C. D.). — *Cronica.* — *Dimineatza* (I.) — *Dorobantul.* — *Drapelul.* — *Epoca* (C.). — *Furnica* (journal humoristique). — *Minerva* (C.). — *Monitorul Official.* — *Ordinea* (C. D.). — *Patriotul.* — *La Rampe* (théâtres). — *Seara* (C.). — *Secolul.* — *Telegraful.* — *Timpul.* — *Tribuna.* — *Tzara.* — *Universul* (le plus fort tirage) (I.). — *Viitorul* (L.). — *Vointa Nationala* (L.).

A Iassi : *Evenimentul* (C.). — *Liberalul* (L.). — *Miscarea* (L.). — *Opinia* (C. D.).

A Galatz. — *Tribuna Liberala* (L.). — *Ziarul Galatzilor.*

A Craiova : *Doljul* (C. D.). — *Steaua Olteniei* (1).

(1) Abréviations : L : Libéral. — C : Conservateur.— C. D: Conservateur Démocrate. — I : Indépendant.

Principales Revues et Publications périodiques

Abina. — Annales Littéraires, Politiques, Scientifiques. — Camoara Satelor (Encyclopédie populaire).

Buletinul Monumentelor Istorice, directeur : Jean Kalinderu et Al. Lapedatu.

Convorbiri Critice (Causeries Critiques). Directeur : Michel Dragomiresco ; revue de très haute et très sévère tenue (1).

Convorbiri Literare (Causeries Littéraires), revue fondée en 1866 par le Groupe Littéraire *Junimea* (La Jeunesse) qui devient le parti politique des Junimistes, parti conservateur dont le chef est P. Carp. Le directeur actuel est M. Mehedintzi (Siméon), qui résume sa théorie idéaliste dans cette belle formule : « Les petits pays où la contagion du vice se propage vite ne peuvent se permettre le luxe d'aucune immoralité sans expier leur égarement par une chute irrémédiable. »

Le Courrier du Danube, directeur O. Joan, revue des intérêts économiques.

Desbaterile (compte rendu officiel des débats parlementaires, Chambre des Députés et Sénat).

Diana (chasse).

La Flacara (La Flamme), directeur M. Bano, qui a groupé autour de lui une brillante rédaction.

(1) A cessé.

Gazeta Ilustrata (hebdom). — *Junimea Litterara.* — *Literatorul.*

Luceafarul (Lucifer), directeurs MM. Goga et Haric Chendi (Revue de jeunes).

Le Mouvement Économique (en français), directeur, Nicolas Xenopol, sénateur.

Natura.

Neamul Romanesc (Le Peuple Roumain), directeur, N. Iorga (Nationaliste).

Nova Revista Romana (Nouvelle Revue Roumaine), directeur, Radulescu Motru (Revue politique, takiste).

Orion (Astronomie). — *Ovidiu*, à Constantza (l'ancienne Tomes où fut exilé Ovide).

Ramuri, à Craïova. — *Revista Alba.* — *Revue historique Archéologique philologique*, directeur, Em. Cretzulescu.

Revista Idealista (Revue Idéaliste), 10e année, directeur, Michel Holban (Philosophie, Sociologie, Religion, Histoire Critique, Littéraire, Dramatique et Artistique).

Revue Politique et Littéraire. — *Revista Scientifica.* — *Saptamana.*

Tzara Noua (Le Pays Nouveau), fort bien rédigée ; directeurs : A.-D. Xenopol ; Dragomirescu.

Universul Littéraire (Supplément littéraire illustré hebdomadaire du journal *Universul*).

Viata Nova (La Vie Nouvelle), directeur : Ovide Densuseanu (Revue Littéraire).

Viata Romaneasca (La Vie Roumaine), 7ᶜ année, dirigée par Constantin Stere et D. Cantacuzène, représente le parti *poporaniste* qui se penche vers l'âme populaire des paysans comme étant la plus pure essence de l'âme nationale.

Viata Sociala (La Vie Sociale), intéressante revue qui vient de disparaître.

Beaux-Arts

En Peinture, le nom éclatant de Grigoresco n'a pas été éclipsé. Mais il convient de constater une vive activité chez les peintres actuels : Balthazar, Basarab (miniaturiste), Cecilia Cutzesko-Stork, Grant, Gropeano, Joanid, Lazaresco, Kimon Loghi, Lukian, Maniu, Mathusco, né en 1882 (Vues de Tziganesti) ; Al. Mihailesco, G. Mirea, inspiré par Carolus Duran, Mutzner (pointilliste), Neylies, Obedeano (Oscar) ; (*le Roi Carol à Grivitza, la Reine Elisabeth soignant les blessés sur le champ de bataille*) ; Paladi, N. Petrasco, Costin Petresco, Etienne Popesco, paysagiste, Rodica, Romano, Serafim Severin, Sion, Stoenesco, Strambulesco, Szatmary, P. Troteano Vermont, Verona, etc. (1).

(1) Prédécesseurs immédiats : Juan Alpar, Th. Aman, Andresco, Itentia, Stancesco.

La sculpture s'honore du talent de Balacesco, Brancus, Geo Dimitriu, qui manie vigoureusement l'ébauchoir et la plume; Georgesco; Hegel, Jordanesco, Ionesco, Mihailesco, Mirea, Paciurea, Pavelesco, D. Spaethe ; Storck (statue d'Eminesco à Galatz) ; Olga Sturdza qui a un beau talent, Valbudea, etc.

En architecture citons Antonesco, Berindei, Ghica Budesti, Burcus, Maimarolu (Chambre des Députés) ; Jean Minco s'inspire heureusement du style byzantin et vieux roumain ; Lecomte du Nouy, fixé depuis longtemps en Roumanie, a remis à neuf, — un peu trop, à la manière de Viollet Le Duc, — les vieilles basiliques ; il les fait décorer à nouveau par des élèves copistes de motifs byzantins qu'il a formés dans l'Ecole spécialement créée par lui. Ajoutez Petculesco, P. Smarandesco, V. Stefanesco.

Gic et Radu sont d'amusants caricaturistes, ainsi que Iser, Mantu, Murnu.

Paleologue fait l'affiche illustrée.

Musique

Le Roumain est musicien de naissance. On entend en Roumanie d'excellents musiciens populaires ; on les appelle improprement en France des Tziganes ; ce nom s'applique à des nomades qu'on retrouve partout, surtout en Hongrie. En Roumanie ce sont les *laoutars* qui font chanter la joie, gémir les *doïne*, et qui « déchirent de la douleur » ou imitent le chant des oiseaux en promenant sur leurs lèvres les roseaux, emplis d'eau, de la flûte de Pan.

La gloire de la musique roumaine est G. Enesco. Il faut citer aussi Ed. Caudella, auteur d'opéras, opérettes, romances, fantaisies ; C.-D. Dimitresco, violoncelliste et compositeur ; Floridor, compositeur de romances et d'opérettes. M. Polizu Micsunesti, auteur de romances en style populaire roumain ; Stefanesco ; Scarlatesco ; Mlle Solacoglu, et la cantatrice Mme de Nuovina.

Art Populaire

Mais l'art roumain se manifeste avec le plus de grâce, d'originalité et de bonheur dans la petite industrie rurale, tissage, dentelle, broderie, vannerie, céramique vulgaire, ustensiles en bois pyrogravés. Là voltige et sourit l'âme de la race, avec tant d'éclat, de mesure, d'harmonie, qu'on ne reconnaît plus les Romains auxquels Virgile disait : *Excudent alii....* Depuis, Byzance a formé et forgé l'âme artistique de l'Europe Orientale.

CHAPITRE II

La Littérature orale populaire

Le folklore, les traditions, les usages populaires, les danses, fournissent les éléments d'un pittoresque tableau. Le peuple a toute une littérature de légendes et de traditions, où des gas meurent d'amour, où des cavaliers fendent la plaine, des fées font bruire les feuilles, et des héros légendaires surgissent la nuit de tous les rochers.

Les premiers exégètes qui s'informèrent des légendes populaires roumaines furent Alexandre Russo (de 1840 à 1846), Antoine Pann (de 1847 à 1850), et le grand poète Alecsandri (en 1852 et 1853.) Il traduisit en vers roumains un volume de *Ballades* et un volume de *Doïne* d'après les textes oraux recueillis.

Marienesco en 1859, Miron Pompiliu en 1870 en ont réuni un bon nombre.

Ispiresco en a colligé beaucoup de 1870 à 1880, ainsi que Stancesco, Slavic, Creanga, Hasdeu, Mariano, Biano, Eminesco.

La matière est riche. Sbieva a recueilli cent contes dans une seule petite commune de Bukhovine.

Le recueil le plus considérable est dû à Demetre

Theodoresco, qui rencontra un vieux laoutar, Petrea Cretzoul Cholcan, l'aède le mieux pourvu des Carpathes aux Balkans. Il était fils d'esclaves de Braïla, et savait des milliers de vers. Front large, nez aquilin, yeux noirs, longs cheveux blancs, moustaches pendantes, vêtu du vieux costume national, il fut un type intéressant et utile.

Theodoresco se lia avec lui, pressentant de quel prix était un laoutar qui savait tant de choses non écrites. Il l'invita à venir loger chez lui à Bucarest. Cholcan, fils d'esclaves, était défiant. Il se fit longtemps prier. Encore tremblait-il quand il se décida, et il était persuadé qu'on allait le jeter en prison. Il se rassura à son arrivée quand il vit préparée à son usage une table chargée de mets, de zuitca, de rakiou et de tabac. Il se familiarisa avec son hôte, s'attacha à lui, lui donna sa confiance et dévida le long chapelet de ses poésies et ballades. Theodoresco écrivit 48.573 vers sous la dictée du barde.

Les contes populaires s'en vont, mourant avec les vieilles gens qui les savaient encore.

Sans l'heureuse circonstance qui mit en présence Cholcan et Theodoresco, 50.000 vers eussent à jamais disparu. Il faut reconnaître le hasard qui assura un Pisistrate à ce rhapsode.

Depuis, Pop Reteganul, en 1886, a recueilli 5.000 poésies ; Gorovei, en 1890, 2.700 devinettes, et Juliu Zanne, 50.000 proverbes et 20.000 « paroles de vieillards ».

Les Roumains estiment que le tiers des œuvres de leur littérature orale est à présent fixé. Etant donnée l'importance de ce que l'on a pu réunir déjà, on peut se faire une idée de la formidable puissance du génie populaire roumain.

La vulgarisation en France de ces légendes gracieuses est encore à faire, malgré les essais importants qui ont déjà été tentés.

La reine Carmen Silva s'est heureusement inspirée d'elles dans plusieurs de ses ouvrages : mais son génie poétique est trop ardent, et son originalité trop décidée, pour être un pur reflet du génie populaire ; elle a posé sa griffe royale sur ces rustiques vanneries, qu'elle a changées en orfèvreries précieuses. Il faut la lire pour elle-même, sans chercher dans ses chants l'écho du cobza villageois, des laoutars et des tziganes.

Elle a embelli et enrichi ces bijoux vulgaires ; vous les retrouverez à peu près dans ces livres charmants et bien connus : *Contes du Pelesh, A travers les âges, Chants de la Vallée de la Dimbovitza*, traduits en français par Hélène Vacaresco, le drame de *Maître Manol*, tragédie en 4 actes jouée à l'Opéra de Vienne en 1891 ; *Neaga*, opéra en 4 actes, musique de Hallstrom, joué à Stockholm ; *Le Pic aux regrets*, drame lyrique, musique de Lubicz ; *Marioara*, drame lyrique joué à Prague ; et plusieurs pièces de *Monrepos*.

Michelet et Edgard Quinet ont mis en français quelques-uns de ces contes, dont plusieurs ont aussi été traduits par Ubicini et par Antonin Roques.

Hélène Vacaresco a traduit en prose poétique sept contes populaires dans *Nuits d'Orient*. Elle a un talent trop personnel pour ne pas substituer souvent sa rêveuse inspiration au texte populaire, dont elle modifie le caractère dans le sens de son individualité.

La plupart de ces traductions sont faites d'après la version roumaine d'Alecsandri et d'Eminesco, qui étaient de trop grands poètes pour n'avoir pas mis beaucoup de leur rêve parmi ces fleurs sauvages qu'on leur apportait par brassées.

En 1874, je signale un livre, devenu rare, *Le Peuple Roumain d'après ses Chants Nationaux*, écrit en bon français par un roumain, Jean Cratiunesco. Il n'est plus au courant.

Léo Bachelin et Jules Brun ont le mieux et le plus fidèlement servi en France la cause du folklore roumain par leur collaboration, qui réservait au premier le soin de commenter, et au second le talent de traduire les légendes du recueil de G. Dem. Theodoresco.

J. Brun est le champion inlassable de cette cause, qu'il a défendue dans de nombreux ouvrages : *Sept Contes Roumains* et la *Veillée*) ; *Le Romancero Roumain*, jolie traduction en vers, préfacée par Sully Prudhomme et précédée d'une étude sur le laoutar Cholcan et le folklore par G. Dém. Theodoresco, ancien ministre de l'Instruction publique.

Il manque un ouvrage complet, une étude d'ensemble sur la question. La plupart des traductions que j'ai mentionnées ont été faites sur des textes de fantaisie ; ce sont de Belles Infidèles.

Le Recueil Cholcan a renouvelé et complété tout ce que le recueil Alecsandri faisait seulement soupçonner. Cet apport considérable a remis le sujet à neuf. Il faut souhaiter d'abord l'édition roumaine complète et critique, le *corpus* intégral des Légendes, Doïnes et Ballades : alors seulement, quand les Roumains auront fait et achevé l'inventaire raisonné de leurs richesses, il nous sera possible de nous en rendre compte.

Il y a intérêt à désirer ce *Corpus* : car rien n'est plus international que le folklore. Les Légendes populaires Indo-Européennes, par leur origine unique, appartiennent toutes au fonds commun des Aryens. Elles ont autant de versions et autant de leçons qu'il y a de nations, et il ne sera possible de remonter sûrement aux sources que si l'on a reconnu et capté tous les petits courants et ruisselets qui ont filtré depuis des siècles à travers la carte d'Europe.

Dans l'état actuel de nos connaissances en France, il est déjà permis de prendre du Folklore Roumain une idée qui a toute chance et garantie d'être juste. Comme elle est peu répandue, elle a même une certaine saveur de nouveauté.

Les critiques roumains distinguent dans la littérature orale plusieurs genres :

Les *Colindes* (Calendae) : Chants de Noël et du Jour de l'An.

Les *Ballades* (Cantice Cetranesci) : souvenirs d'exploits historiques et de heiduques révoltés contre les Ciocoi et les Phanariotes, épopée des luttes de Francks (Occidentaux) contre les Turcs, Chasses au faucon ; Noces royales ; ballades mythiques où le vieux fonds oriental s'est pénétré du dogme chrétien ;

La *Doïna* langoureuse ou guerrière, mode véritablement national du lyrisme populaire :

« *O Doïna, Doïna*, s'écrie l'aède, doux chant,
« quand je t'entends je ne puis continuer mon che-
« min. O Doïna, Doïna, chant plein de feu, quand
« tu retentis je m'arrête. Le vent printanier souffle,
« mais je chante la doïna en plein air parmi les
« fleurs et les rossignols. Arrive l'hiver gros de
« tempêtes, je chante, enfermé chez moi, la doïna
« pour conserver mes jours et mes nuits. Dès que
« les feuilles commencent à renaître dans la forêt,
« je chante la doïna du brigandage. La feuille

« tombe à terre, je chante alors la doïna des lamen-
« tations. Je dis la doïna, je soupire la doïna, je ne
« vis que par la doïna. »

C'est par la Doïna que le paysan roumain traduit ses émotions d'amour, de joie et de tristesse.
Ce sont petits poèmes au rythme libre et vif.

Les *Horas* ou Chants accompagnés de danses,
qui parfois, comme les *Calusiari*, rappellent les
chants des Saliens ;

Les *Bethléems* ou Mystères de la Nativité pour
marionnettes ;

Les Carmina, formules de magie ;

Les Carmina juridiques (c'était déjà le mot latin,
Carmen, texte de loi : *lex horrendi carminis erat*, dit
Tite Live), adjurations à la *charrue*, incantations
funéraires.

Ces poèmes divers se chantent ou se modulent
en mélopée sur la cobza, avec une musique qui a
quelque chose de mystérieux, faite de plainte et de
désirs.

Un puissant instinct de poésie domine tous ces
chants. La rêverie et le lyrisme sont qualités innées
à l'âme roumaine. L'inspiration abondante des
poètes a souvent débordé la frontière des Carpathes, et notre poésie française s'est plus d'une
fois enrichie des harmonies du Carmen Valaque,
depuis Ronsard, prince des Laoutars roumains,
qui revendiquait ses origines orientales :

> Or quant à mon ancêtre il a tiré sa race
> D'où le glacé Danube est voisin de la Thrace :
> Plus bas que la Hongrie, en une froide part,
> Fut un seigneur nommé le Marquis de Ronsard.

Il s'appelait de son nom roumain le *ban Maracine*.

De tous les peuples du Danube, aucun ne possède une littérature orale aussi riche, aussi variée, aussi colorée, aussi harmonieuse. Transporté des claires campagnes de l'Italie sous un ciel nouveau, le peuple roumain a gardé la fécondité de l'imagination, la vivacité de l'esprit, l'amour de la nature. Le folklore complète la chronique, car il est plus exact et moins oublieux. Ni Miron Costin, ni Jean Necoulcea, ni Grégoire Urechia ne parlent des rapports des Roumains avec Gênes et Venise : la chanson populaire ne les néglige pas. Elle est le tableau le plus complet des mœurs, des coutumes, des costumes, de la vie sociale.

Alexandre Russo interrogea vainement les livres, les journaux, les monuments, les grammaires : il ne trouva qu'un mélange de formes et de pensées cosmopolites, et rien qui lui fît apparaître l'âme vraie et intime du peuple roumain.

« Mais par hasard, je vais me promener à la campagne un jour de fête villageoise, et soudain je me crois transporté dans un monde tout nouveau. Je vois des types et des vêtements que je n'avais pas rencontrés dans les villes ; j'entends un langage harmonieux, pittoresque, tout à fait différent du jargon employé dans les livres. Jusque-là, je doutais que les Roumains fussent une nation homogène, je les croyais les membres d'une colonie cosmopolite moderne ; maintenant voilà que je commence à entrevoir ce qui m'avait échappé tout d'abord. Un homme au visage ouvert s'avance sous l'ombrage des arbres, prend sous son manteau un instrument appelé laouta ou cobza, et commence à chanter. La foule qui se presse autour de lui l'écoute attendrie, car il dit des ballades anciennes. Tandis qu'il chante, une nationalité tout entière jaillit souveraine, de la voix, du type, du costume, de la chanson de cet homme. Le laoutar chante, et devant mes yeux un tableau charmant se déroule. Lorsqu'il a terminé, le doute a fui mon esprit. Je suis convaincu qu'il existe une nationalité roumaine, un génie roumain. »

C'est cette même impression que précisait le roi de Roumanie Carol I dans son discours à la séance jubilaire de l'Académie, en 1891 :

« Notre poésie populaire reflète d'une façon merveilleuse ces temps difficiles d'un passé plein d'incertitude et de douleur. Tandis que le travail intellectuel, le désir de savoir dormaient encore pour ne se réveiller qu'à notre époque, en même temps que la politique, — la poésie, elle, est demeurée depuis des siècles profondément vivante dans le cœur des Roumains. Le peuple roumain peut être fier de son génie poétique qui fut son bon génie. »

Ces légendes qui ont plané sur des générations sans nombre. c'est l'âme poétique d'un peuple avec ses puérilités exquises, son art fruste et subtil, le rêve de toute une race, son besoin de mystère et ses élans vers l'inconnu. (1)

(1) Michelet écrivait en 1846 : « ...Nous ne prétendons pas que la fécondité, la puissance créatrice ait manqué aux masses populaires. Elles produisent, à l'état sauvage ou barbare: les chants nationaux de tous les peuples primitifs en témoignent assez. Elles produisent aussi lorsque, transformées par la culture, elles s'approchent des classes supérieures et s'y mêlent. Mais le peuple qui n'a ni l'inspiration primitive, ni la culture, le peuple qui n'est ni civilisé, ni sauvage, qui est dans l'état intermédiaire, tout à la fois vulgaire et rude, ne reste-t-il pas impuissant ?... Les sauvages eux-mêmes, qui ont naturellement beaucoup d'élévation et de poésie, voient avec dégoût nos émigrants, sortis de ces populations grossières »

Je ne conteste pas l'état de dépression, de dégénération physique, parfois morale, où se trouve aujourd'hui le peuple, surtout celui des villes. Toute la masse des travaux pesants, toute la charge que, dans l'antiquité, l'esclave portait seul, s'est trouvée aujourd'hui partagée entre les hommes libres des classes inférieures. Tous participent aux misères, aux vulgarités prosaïques, aux laideurs de l'esclavage. Les races les plus heureusement nées, nos jolies races du Midi, par exemple, si vives, si chanteuses, sont tristement courbées par le travail.

L'homme seul est pauvre, entouré de ces objets immenses, de ces énormes forces collectives qui l'entraînent, sans qu'il les comprenne, se sent faible, humilié. Il n'a nullement l'orgueil qui rendit jadis si puissant le génie industriel. Si l'interprétation lui manque, il reste découragé devant cette grande société qui lui semble si forte, si sage et si savante.

Sully Prudhomme, dans sa préface du *Romancero Roumain*, se plaisait à y reconnaître « le fonds passionnel, les ressources imaginatives et les germes d'aptitude littéraire dans une province encore vierge de l'esprit oriental chez les représentants du génie roumain les plus anciens et les plus naïfs, que leur humble condition a préservés de toute contagion de la culture des mœurs étrangères » et à « y surprendre à leur source vive, pur de toute police artificielle, les instincts humains dans leurs manifestations sociales sous un certain climat. La vie morale apparaît à l'état naturel et concret, telle que la font le sol, le ciel, la race. »

Tout ce qui vient du centre lumineux, il l'accepte, le préfère sans difficulté à ses propres conceptions. Devant cette sagesse, la petite muse populaire se contient. Elle n'ose souffler. La première impose à cette villageoise, la fait taire, ou même lui fait chanter ses chants.

C'est ainsi que nous avons vu Béranger, dans sa forme exquise et noblement classique, devenir le chansonnier national, envahir tout le peuple, remplacer les vieux chants des villages, jusqu'aux mélodies antiques que chantaient nos matelots. Les poètes ouvriers des derniers temps ont imité les rythmes de Lamartine, s'abdiquant, autant qu'il était en eux, et sacrifiant trop souvent ce qu'ils pouvaient avoir d'originalité populaire.

Le tort du peuple quand il écrit, c'est toujours de sortir de son cœur, où est sa force, pour aller emprunter aux classes supérieures des abstractions, des généralités. Il a un grand avantage, mais qu'il n'apprécie nullement, celui de ne pas savoir la langue convenue, de n'être pas comme nous le sommes, obsédé, poursuivi, de phrases toutes faites, de formules, qui viennent d'elles-mêmes, lorsque nous écrivons, se poser sur notre papier. Voilà justement ce que nous envient, ce que nous empruntent, autant qu'ils le peuvent, les littérateurs ouvriers. Ils s'habillent, ils mettent

Les légendes de France sont plus sobres et plus narquoises ; celles d'Italie, plus joyeuses et plus gaillardes ; celles d'Allemagne, plus romantiques et plus naïves ; celles de la Roumanie peignent l'âme nationale avec ses élans, sa volubilité, son imagination ardente, ses tristesses voluptueuses, ses câlineries d'enfant.

Le culte de la littérature orale roumaine est une question nationale. Les Slaves avaient voulu étouffer, masquer la patrie roumaine, en l'enlaçant dans les plis de l'alphabet de Cyrille. « Que serait l'Espagnol, s'il se fût caché sous des caractères arabes », demandait Edgard Quinet. Le Roumain a disparu dans les caractères d'un alphabet étranger. Il était

des gants pour écrire, et perdent ainsi la supériorité que donnent au peuple, quand il sait s'en servir, sa main forte et son bras puissant.

La plupart des poésies que les ouvriers ont écrites dans les derniers temps, offrent un caractère particulier de tristesse et de douceur qui me rappellent souvent leurs prédécesseurs, les ouvriers du moyen-âge. S'il y en a d'âpres et violentes, c'est le petit nombre. Cette inspiration élevée eût porté plus haut encore ces vrais poètes, s'ils n'eussent suivi dans la forme avec trop de déférence les modèles aristocratiques.

Ils commencent à peine. Pourquoi vous hâtez-vous de dire qu'ils n'atteindront jamais les premiers rangs ? Vous partez de l'idée fausse que le temps et la culture font tout ; vous ne comptez pour rien le développement intérieur que prend l'âme par sa force propre, au milieu même des travaux manuels, la végétation spontanée qui s'accroît par l'obstacle. Hommes de livres, sachez bien que cet homme sans livres et de faible culture a en récompense une chose qui en tient lieu : il est maître en douleur. MICHELET (*Le Peuple*).

méconnaissable. On voulait l'étouffer, et un Roumain écrivait en 1820 : « Ils ont recouvert d'une si laide suie les nobles formes roumaines, qu'elles sont ensevelies sans espoir de salut. Que de fois, quand je commençais à écrire avec des lettres latines, je voyais soudainement apparaître devant moi la figure antique ! Elle brillait de tout son éclat et semblait me sourire de ce que je l'avais débarrassée des vils haillons de Cyrille. »

Elle a rejeté les haillons, elle a repris sa forme première, et dégagée de l'alphabet barbare, elle a surgi, belle déesse latine, conservée, et semblable à sa propre jeunesse, parce que le peuple des campagnes lui avait gardé toute sa foi. Edgard Quinet, dans *Les Roumains*, l'observait justement, en 1856. Ils ont été recueillir de la bouche même du peuple les éléments que les lettrés avaient oubliés. « Pour retrouver la source vive de la parole, il faut qu'ils aillent loin des villes, où le mélange des idiomes et des races se fait trop sentir. Les lieux les plus écartés, les provinces les plus lointaines sont le plus propres à leurs recherches. C'est là, sous le toit de roseau du paysan, en entendant ses plaintes, ses doïnas, qu'ils retrouvent la véritable empreinte de la langue des ancêtres et des images puisées toutes vives dans l'antiquité. » Et passant en revue le bataillon léger et doré des déesses des légendes, Lado et Mano, Zinele, la Doïna, qu'il déifie, Dragaïca, la Cérès Valaque, Stachia, gardienne des ruines, Frumosele, les nymphes aériennes, Miazanopte, Strigoie, Urbitelle, La Legatura, il concluait en vérité : « Reçues d'âge en âge, conservées par la peur, respectées à l'égal du culte, les légendes des peuples sont leurs plus anciennes archives. »

C'est bien dans le caractère roumain, ces gentillesses frôleuses, qui caractérisent les doïnas, ces petits mots très doux, ces diminutifs précieux, ces mignardises voluptueuses qui affolent les femmes.

Le récit est ponctué par des interjections que fournit la nature champêtre, et qui marquent une étape, tandis que le conteur récite et lit dans sa mémoire comme dans un livre merveilleux.

Je ne sais rien de joli, de gracieux et de frais comme ces refrains ou ces repos qui coupent le récit de l'aède, sortes de point de repère qui divisent les parties du chant, comme ces fleurons que les typographes insèrent dans la composition. Et ce sont, en effet, des fleurs, des fleurettes, des feuilles qui émaillent le poème, dont elles jaillissent ici et là, comme des pervenches d'un rocher. Elles font une enluminure charmante en marge de l'ouvrage.

On sent bien là tous les caractères de la poésie orale populaire, les mêmes qui se retrouvent dans l'*Iliade* ou dans la *Chanson de Roland*, tous les procédés pour aider la mémoire. Quand un messager va trouver un personnage, il lui récite mot pour mot le discours de celui qui l'envoie. C'est un répit pour le récitant. Les mêmes répétitions se reproduisent quand réapparaît un héros déjà vu : sa peinture le suit et l'encadre comme une armure ; quand on revoit un paysage, une forêt, un monastère que l'aède nous a déjà présentés, les mêmes formules désignent et accompagnent les mêmes choses ; les épithètes homériques ont été trouvées par ces laoutars qui ignoraient Homère. Des bouts de récits recommencent quand une allusion les rappelle. Des descriptions, des discours, des formules se répètent pour seconder et alléger la récitation. Les chansons de geste ont un refrain bref et sauvage, *aoi*, qui ponctue les couplets. Celui des ballades roumaines est plus gracieux : il fleurit le poème. On sent que cette poésie est celle d'un peuple d'agriculteurs et de bergers amoureux des fleurs :

— Feuille plissée de la menthe ! Un cavalier vient ayant peine en son cœur.....

— O feuille de violette ! le cavalier priait.....

— Feuille verte d'absinthe ! il gravit la colline.....

— Feuille de laitue emperlée de rosée ! le vieillard dit à son fils.....

— Fleur rouge du trèfle ! neuf ans passèrent.....

— Feuille soyeuse du mûrier ! lorsque le temps marqué fut accompli.....

— Feuille noire de la ronce ! boyards, écoutez.....

— Feuille verte de serpolet ! Litra partit.....

Ce sont véritablement des fleurons. La plupart des poèmes ont une fleurette attachée à leur premier vers : c'est un titre, un signe de reconnaissance ; comme on désigne un morceau musical par ses premières notes, on pouvait demander au laoutar *Fleur d'ajoncs* ou *Fleur de tulipe*. Puis ces fleurettes ponctuaient le cours du récit dont elles font une chose exquise et odorante, comme une maisonnette ou un château à la façade emprouprée de floraisons rouges, mauves et dorées.

Ou encore c'est comme un juron familier :

— Feuille d'acacia ! je sais encore une autre histoire !

— Feuille de marjolaine ! écoutez ce conte, boyards !

— Feuille d'arbouse ! ce fut une belle noce !

Juron aimable, en harmonie avec le ton ordinaire de ces contes, où l'amour a quelque chose de câlin, de mièvre, de caressant et d'enfantin.

Là où d'autres sacrent et jurent :

— Par la Mordious ! Tonnerre et Sang ! Ciel et Enfer !

Le laoutar susurre :

— Douce feuille de Menthe ! Aimable fleur de violette !

Tout un peuple se révèle dans ces odorants exordes. Ces poèmes rustiques ont une saveur de terroir qui est garant de leur authenticité.

Leconte de Lisle écrivait à Hélène Vacaresco, soupçonnée d'avoir imaginé le fonds de ses contes dans le *Rhapsode de la Dimbovitza* :

— « Ne comptez pas que les poètes et les littérateurs « vrais s'y trompent : vous seriez un monstre plus « qu'un génie si vous étiez l'auteur d'un pareil vo- « lume. »

Les poèmes populaires, nés on ne sait quand, et on ne sait où, on ne sait de qui, ne s'inventent pas, ne se fabriquent pas.

Les frères Grimm observaient justement :

— « On ne crée pas plus les morceaux de poésie « populaire, et surtout on ne les fixe pas plus dans « la mémoire de tout un peuple, qu'on ne crée *à* « *priori* et qu'on ne fait parler une langue à une « nation entière. »

Ces Contes ont des exordes traditionnels :

— Il fut une fois un empereur, et s'il n'avait existé je n'en parlerais pas...

Ou encore :

— Feuille de menthe plissée ! Il était une fois ce qu'on ne reverra plus, et si ce n'était arrivé, on ne l'aurait pas raconté, quand les saules donnaient des noisettes, quand les ours se battaient les flancs de leur queue, quand on ferrait les puces avec nonante neuf livres de fer à chaque pied et qu'elles s'élançaient au fin fond du ciel pour nous en apporter les contes, quand les mouches écrivaient sur les murs. Le plus menteur qui ne me croira ; la cuiller au nez de qui dormira !

Les péroraisons sont aussi des formules d'usage, qui sont comme le signal de la fin et du départ, l'*ite missa est* de ces séances récréatives :

— J'étais là par hasard, car je n'étais pas invité et on ne m'avait pas offert un siège. Mais j'étais à cheval et je vous ai conté ce conte.

Ou bien :

— Il vit encore, s'il n'est pas mort.

Ou encore :

— Les noces durent encore à présent, à moins qu'elles ne soient terminées, comme mon histoire.

Et alors on se levait, autour de l'âtre, la veillée était finie et les paysans regagnaient leur chaumière par le sentier bordé de haies noires, sous la nuit claire de janvier.

Des traits sont piquants ou heureux :

— Et lorsqu'il fut au bout du monde, où *ce qui est se confond avec ce qui n'est pas.*

Une vieille femme veuve était si pauvre que *pas même les mouches ne restaient chez elle* ; et elle était aussi vieille que le temps.

L'aède dépeint d'une touche les « Tatares aux yeux ronds et petits comme les trous d'un crible » ; ailleurs :

— « Les brebis blanchissent la colline comme un tapis de fleurs écloses ».

Ce sont ainsi de petites trouvailles de style et de jolis bonheurs d'expression qui raviraient un poète de profession.

Les personnages ne varient guère, comme dans les très vieux spectacles de marionnettes aux types légendaires et immuables. On retrouve toujours le paysan pauvre, la fille des saules, le terrible Héiduque, le vieil Empereur, dont la présence est un hommage au souvenir de Trajan, la belle Iliane, le Fils Charmant (Fat Frumos), frère de tous les Princes Charmants des contes de fées, la vilaine Sorcière, Zméon le génie malfaisant, Murgila (le soir), Zorila (l'aube) ; l'Homme Gelé, dont le souffle glace les champs à dix lieues à la ronde, et qui se plaint du froid devant un brasier de vingt-quatre toises de long; le Croque Oiseaux, qui va chercher au ciel l'alouette, qui a été se cacher derrière la lune ; Pacala, sorte de Polichinelle ; les oiseaux Mages ; Balaour le Dragon ; les chevaux sorciers qui parlent, aiment et défendent leur maître, ont un souterrain pour écurie, et s'y nourrissent de charbons ardents.

Le folklore roumain est une littérature orale de bergers et de laboureurs ; elle est une ample pastorale et elle présente le même choix de sujets qui, chez tous les peuples, ont caractérisé et inspiré la pastorale :

L'amour ;

La valeur guerrière ;

La poésie de la nature.

Ce sont les trois divisions naturelles et logiques qu'on peut suivre pour classer cet immense amas de légendes et de chansons.

Commençons par l'amour, c'est-à-dire par les femmes.

L'amour trouve dans ces chants l'expression la plus charmante, la plus aimable, la plus fidèle à la conception particulière des amants de Roumanie.

Ils nous montrent une jeunesse ardente, amoureuse, voluptueuse, câline, mais non félone ou vicieuse. Il y a une droiture native dans toutes ces intrigues. Il y a surtout une sensibilité exquise et douce, un abandon, un don entier de soi, une belle loyauté et un désir touchant de sacrifice.

« Cette pauvre petite Italie solitaire, écrivait
« Michelet (1), qui avait joué encore un grand rôle
« aux quinzième et seizième siècles, en battant
« vaillamment les Turcs, depuis, écrasée de toutes
« parts, semble alors ne vouloir plus rien voir, ni
« rien savoir, oublier tout, se cacher toute en soi.
« Le malheur de chaque jour étouffe tout senti-
« ment public. En revanche, les sentiments privés,

---

(1) MICHELET. *Légendes Démocratiques du Nord.*

« l'amour, l'amour de la famille, emplissent l'âme,
« la charment, la consolent. Elle n'a plus rien à
« dire au monde ; elle ne parle qu'à l'objet aimé.....;

« Sous cette forme vraie, sincère, de tendresse
« et de passion, un grand mystère national est
« transparent. »

Ils ont un joli mot qui n'existe pas ailleurs, et
qu'il est malaisé de traduire, le *dor*, venu apparemment de *desiderium*. C'est un sentiment particulier.
Il y entre plusieurs idées connexes mais différentes, regret d'un bien perdu, chagrin de son
absence, espoir de le recouvrer, désir du bonheur,
amour ou infidélité, charme ou tristesse de la nature, tendresse, amour, mélancolie, malaise, nostalgie, souvenir.

Ecoutez le pâtre frappé du *dor* :

« Feuille verte d'épine ! rien ne me touche plus !
« Depuis que le dor m'a frappé, il m'a égaré l'esprit. Depuis que le dor s'est emparé de moi, mon
« âme brûle. Je gravis la colline, je descends dans
« la vallée, et ma journée se perd sur la route. Je
« passe ma vie avec le *dor*. Ma chère petite dont la
« bouche est une fleur, quand je te vois j'oublie la
« charrue dans les sillons, la pioche enfoncée dans
« la terre, je laisse les bœufs paître, la charrue se
« rouiller et la pioche pourrir. Hélas ! chère petite,
« si tu voulais je ferais marcher quatre charrues et
« je labourerais le pays tout entier. Mais tu ne veux

« pas, malheur ! et je me meurs de ton *dor* ! »

C'est le fond même de l'âme roumaine, dont la sensibilité est extrêmement fine et aiguë, tendue et excitable. Elle aime avec vivacité, avec décision, avec le don entier et sans réserve de soi. Si elle se refuse, il n'y a plus de recours et il n'y faut plus songer. Si elle se donne, c'est aussitôt fait, et avec un abandon délicieux, qui fait une joie de mourir pour l'aimé. Elle a autant de netteté dans le refus que dans l'acquiescement. « Je t'épouserai, dit le galant à celle qu'il dédaigne, quand les loups mangeront des pommes, quand le renard apportera du blé aux poules, quand le lièvre sera brave, quand la grenouille portera le caftan, quand chien et chat s'accoupleront, et quand les juifs ne feront plus l'usure » ; et l'énumération rappelle Virgile : — « Quand les cerfs voleront, etc. »

Par contre, celle qui soupire pour Nicou l'appelle de tout être, et à celui qui viendrait lui dire : « Zinica, voici Nicou ! » elle donnera la *talba* de cou, où elle porte en sequins toute sa dot, les galons de son corsage, sa *sota* et sa *zavelca*, qui sont ses deux tabliers de devant et de derrière, ses babouches, son corsage, sa chemise, — car Nicou se contentera du reste !

Délaissée, elle implore la mort pour elle et pour sa rivale : « Mes larmes, devenez du poison pour tuer celle que je hais, et que mes paupières se referment sur mes yeux avec la lourdeur des pierres tombales ! »

Les rencontres et les présentations se font à la danse, à la *hora*, la *chora* antique, où les danseuses et les danseurs se prennent par les épaules, forment une vaste ronde dont les anneaux ondulent et tressaillent par de lentes oscillations.

> A droite, à gauche, à reculons,
> Puis en avant, tout à la joie !
> La hora tourne et se déploie ;
> Bien en cadence, les talons
> — Une ! deux, trois ! — font sonner l'aire.
> Jouez ; la ronde s'accélère ;
> Jouez, cobzas et violons !
>
> Aux jupes brillent des galons,
> Et sur leur gorge qui se cambre
> Nos filles ont des colliers d'ambre.
> Les dimanches d'été sont longs ;
> Pour nous faire oublier la peine
> Des autres jours de la semaine,
> Jouez cobzas et violons !
>
> Laoutars, nous vous regalons ;
> Que le vin coule à tasse pleine !
> Laoutars, reprenez haleine !
> La nuit tombe sur les vallons ;
> La lune au ciel, hors de ses voiles,
> Mène la hora des étoiles.....
> Cessez, cobzas et violons !

Là, les sympathies se déclarent, se rapprochent,

s'unissent, et le cœur des danseurs bat plus vite, et les danseuses ressentent de délicieux émois.

Elles s'attachent avec tout leur être, et souffrent profondément de la froideur. Elles aiment avec leur tempérament d'Italiennes déracinées. Eh oui ! ce sont des Italiennes. Elles ont leur costume, leur tablier, qu'elles recouvrent en hiver avec une peau de mouton. Elles ont leur type, qui s'est conservé pur au milieu des invasions, des croisements, des révolutions, et le jeune pâtre ne peut voir sans trouble la jeune Roumaine :

— « Il n'y a pas sur terre plus belle fleur que la fille de Transylvanie, élancée et souple comme un roseau vert, avec une âme charmante. Quand je vois son sein arrondi, le feu du désir m'enflamme ; quand je vois ses cheveux soyeux, le désir me torture ; quand je vois son visage de fleur, le désir me tue. Lorsqu'elle passe et sourit, le champ sourit. »

Le trouble est partagé, le *dor* est réciproque, et les jeunes paysannes roumaines sont, pour beaucoup, pareilles à la belle Iliane :

— Il advint autrefois ce qui n'advint jamais et ce qui plus n'adviendra. Il y avait dans un village de la montagne une jeune fille que les fleurs arrêtaient au passage et à qui les fleurs disaient : « Reste avec nous, ô sœur ». Et le matin le soleil lui disait : « Donne-moi tes cheveux pour que je les mêle à mes cheveux, et quand je répandrai mes cheveux sur les forêts et sur les plaines, on ne démêlera pas lesquels sont tes cheveux ou mes cheveux ». Et la rivière lui disait : « Traverse mes eaux, et les pierres elles-mêmes ne sauront pas démêler la légèreté de tes pieds de la légèreté de mes eaux ».

— » Mais la jeune fille restait à son seuil, sans écouter ni les fleurs, ni le soleil, ni la rivière avec ses pierres et ses eaux. La jeune fille ne voulait ni danser avec les étoiles, ni mêler ses cheveux aux cheveux du soleil, ni tremper ses pieds nus dans la rivière qui l'appelait. La jeune fille voulait l'amour.

— » Je veux l'amour, criait-elle. Je veux l'amour. »

Sans fausse pudeur, elle se donne avec une naïveté un peu sauvage et primitive :

— « Si tu veux m'épouser, je te donnerai mes lèvres. »

Elle ignore les coquetteries et les mièvreries :

« Es-tu arrivé, toi que le destin me doit. Viens « dans mes bras, viens que je te donne le miel de ma « bouche. »

C'est l'amour, non le libertinage ; c'est un sentiment simple, très doux, très tendre, un peu triste, ni mystique ni rêveur ; ce n'est pas une avance sur l'au-delà, une promesse du bonheur éternel ; c'est une tendresse naïve, sincère, présente et sans réserves.

Ces paysans ont des délicatesses imprévues; une âme de poète vibre sous leur manteau de cuir, et leurs déboires ont une expression jolie et touchante :

— J'ai cru voir des hirondelles s'abattre sur les poutres de ma maison. Il me sembla les reconnaître pour des hôtesses d'autrefois. O le ciel bleu du premier jour où je leur ouvris ma fenêtre ! Les hirondelles sont les désirs et les amours de mes jeunes années, mon ivresse montait avec leur chant et mes soupirs chantaient dans leur plainte. A présent il neige, le nid est vide et mon front est ridé : hélas! pourquoi aujourd'hui ce rêve de printemps? »

On rencontre chez Saadi et chez les plus délicats poètes persans des formes de mélancolie qui sont familières aux laoutars. Entendez celui-ci pleurer sur son amie :

— Quand elle est partie, me laissant seul au jardin, dans l'empreinte de son pied j'ai semé une fleur ; je l'arrosai de mes larmes, elle a fleuri. Sa main ne l'a pas cueillie. L'œillet s'est desséché, je l'ai jeté sur la route ; ainsi sans doute elle a arraché de son cœur mon souvenir! »

N'est-ce pas un sanglot d'amour tel qu'un grand poète serait fier de l'avoir exprimé ?

Jeunes filles et jeunes hommes, ils ont tous cette façon émouvante d'aimer, simplement et profondément, sans détours ni coquetteries, et leur amour est aimable et leurs larmes sollicitent les nôtres,

On ne peut entendre leurs plaintes sans les plaindre ; de leur cœur au nôtre la doine tend un fil sympathique qui vibre de leur douleur. Regardez Smaranda, la fille des saules.

Elle n'avait jamais vu personne, et elle n'avait pour ami que son visage dans l'eau.

Mais un jour un jeune et beau voivode vint dormir sous les saules. Elle le vit, et comme les saules alarmés avaient rendu la fille invisible, le voivode entendit une douce voix dire : « O voivode, je t'aime et j'aimerai mourir pour toi. »

Et quand il fut rentré chez lui, une feuille de saule l'effleura, et il entendit aussitôt les mêmes paroles : « O voivode, je t'aime et j'aimerai mourir pour toi. »

Il allait se marier, Smaranda le sut et elle jeta ses bras autour d'un vieux saule pour pleurer. Alors une fée lui donna un fuseau avec lequel il suffisait de frôler la fiancée du voivode pour qu'elle mourût, et que le voivode pleurât. — Il pleurera, alors prends-moi au lieu de sa fiancée. — Perce-toi le cœur avec une baguette de saule ! — Et elle se perça le cœur avec une baguette de saule, et elle devint un saule pâle. Et partout où le voivode et sa jeune épouse allaient, croissait un saule pâle qui murmurait : « Voivode, je t'aime et je suis morte pour toi ! »

Quelle touchante amoureuse qui a mieux aimé mourir pour éviter une larme au bien-aimé !

Telle aussi la fille de la vieille. Elle aimait Radu qui la méprisa, et elle mourut d'amour. Sa mère la pleura tant, que ses fuseaux étaient luisants de larmes, et les fuseaux se croyaient encore branches de saules au temps où la rosée du matin les mouillait.

La mère demandait avec des accents à fendre l'âme pourquoi sa fille était allée vers la mort.

— La mort lui donne-t-elle une chambre aussi belle que celle-ci ? La mort l'embrasse-t-elle avec des bras aussi chauds que les miens ? La mort sait-elle tresser ses doux cheveux et les orner de fleurs ? Sait-elle rattacher son collier ? Lui donne-t-elle à boire si elle a soif ?

Et elle tomba à genoux en suppliant la terre de n'être pas trop dure à son enfant.

Et elle alla voir Radu qui allait se marier, et lui dit : — La Mort m'a révélé que ma fille brûlera dans sa tombe le jour de tes noces. Car la Mort le lui avait dit. Et Radu donna à la vieille une fleur en lui disant : — Jette-la sur la tombe de ta fille et elle m'oubliera.

La vieille résolut de tuer Radu avec un fuseau que la Mort lui avait donné. Mais sa fille l'empêcha :

— Si Radu meurt, j'aimerai la mort ; mais à présent j'aime la vie, et je regrette la vie, et j'aime la terre parce que Radu est demeuré sur la terre ;

sa vie est ma joie dans la mort. Je ne m'inquièterai pas de la mort tant que vivra mon bien-aimé ; lui mort, je n'aurai plus devant moi que la mort et le néant. Et elle préféra aussi que Radu vécût et qu'il épousât sa rivale.

La femme est partout respectée, placée très haut ; l'homme de ces légendes, qui ignore la chevalerie, a pour elle un respect chevaleresque.

Il nous donne en elle une image de bonté, de beauté, de dévouement, et il semble résumer toute son admiration dans l'histoire fameuse de la femme de Maître Manol.

La légende roumaine de Manol est trop célèbre — il en existe une vieille complainte française — pour n'en pas donner l'original. Le voici, dans la traduction J. Brun :

— Le long de l'Argesh, sur un beau rivage, Négrou-Voda mène ses dix compagnons, neuf maîtres-maçons, et Manol, le dixième, le maître des neuf. Ils cherchent ensemble au fond du vallon un emplacement pour un monastère.

» Voici qu'en chemin ils font la rencontre d'un jeune berger, soufflant dans sa flûte, jouant des chansons. Et l'apercevant, le prince lui dit :

« Gentil bergeret, joueur de chansons, tu as rencontré le cours de l'Argesh, avec ton troupeau ; tu as descendu le cours de l'Argesh, avec ton troupeau ; tu as descendu le cours de l'Argesh, avec tes brebis. N'aurais-tu point vu, par où tu passas, un mur délaissé et inachevé, sous l'épais fouillis des verts noisetiers ? — « Oui, prince, j'ai vu, par où j'ai passé, un mur délaissé et inachevé ; je ne sais pourquoi mes chiens, à sa vue, se sont élancés en hurlant à la mort. »

» Le prince à ces mots, devient tout joyeux et repart soudain, allant droit au mur, avec ses maçons et Manol, dixième, le maître des neuf. « Voici le vieux mur ; ici je choisis un emplacement pour le monastère. Or çà, mes maçons, mes maîtres-maçons, jour et nuit, en hâte, mettez-vous à l'œuvre, afin de bâtir, d'élever ici un beau monastère sans pareil au monde. Vous aurez richesses et rangs de boyards ; ou, j'en jure Dieu ! je vous fais murer, murer tout vivants dans les fondations !

» Les maçons, en hâte, tendent leurs cordeaux, prennent leurs mesures et creusent le sol. Bientôt ils bâtissent, bâtissent un mur ; mais tout le travail fait dans la journée, dans la nuit s'écroule. Et le second jour, le troisième jour et le quatrième, mêmes vains efforts ; car tout leur travail dans la nuit s'écroule. Le prince étonné leur fait des reproches ; puis, dans sa colère, de nouveau menace de les murer vifs dans les fondations. Les pauvres maçons, reprenant leur tâche, travaillent tremblants, un long jour d'été, du matin au soir. Voilà que Manol, tombant de fatigue, quitte ses outils, se couche et s'endort. Oh ! quel rêve étrange ! Soudain il se lève et dit ces paroles :

« Vous mes compagnons, les maîtres-maçons, savez-vous quel rêve j'ai fait tout à l'heure? Une voix du ciel m'a dit clairement que tous nos travaux iront s'écroulant, jusqu'à ce qu'ensemble nous ayons juré de murer vivante la première femme, sœur, épouse ou fille, qui apparaîtra demain, à l'aurore, apportant des mets pour l'un d'entre nous. Donc si vous voulez finir de bâtir ce saint monastère, monument de gloire, jurons-nous ici, sans le révéler, jurons tous ensemble de murer vivante la première femme, sœur, épouse ou fille, qui apparaîtra demain à l'aurore. »

« Lorsque point l'aurore, s'éveille Manol. Et, en s'éveillant, il grimpe d'abord sur la haie ; puis il monte encore sur l'échafaudage, et regarde au loin les champs et la route. Mais qu'aperçoit-il ? qui voit-il venir ? C'est sa jeune épouse, la belle Flora. Elle se hâtait et lui apportait des mets à manger et du vin à boire. Manol l'aperçoit ; alors sa vue se trouble, et, saisi d'effroi, il tombe à genoux, joint les mains et dit : « O Seigneur, mon Dieu, répands sur la terre une grosse averse, traçant des ruisseaux, creusant des ravins ! Que les eaux se gonflent, inondant la plaine, et forcent ma femme à s'en retourner ! »

Dieu, prenant pitié de cette prière, assemble des nues qui voilent le ciel. Soudain il en tombe une grosse averse, traçant des ruisseaux, creusant des ravins ; mais elle ne peut arrêter l'épouse, qui toujours avance, traverse les eaux, et toujours approche. Manol l'aperçoit ; son cœur en gémit. Il s'incline encore, joint les mains et dit : « O Seigneur, mon Dieu, déchaîne un grand vent du ciel sur la terre, qui brise les chênes, dépouille les pins, renverse les monts, et force ma femme à s'en retourner, loin dans la vallée !

» Dieu, prenant pitié de cette prière, déchaîne un grand vent du ciel sur la terre. Le vent souffle, siffle ; il brise les chênes, dépouille les pins, renverse les monts, mais ne peut quand même arrêter l'épouse, qui toujours avance, fait de longs détours, mais toujours approche, approche, ô malheur ! du terme fatal.

Pourtant les maçons, neuf maîtres-maçons, sentent à sa vue un frisson de joie ; tandis que Manol, la douleur dans l'âme, la prend dans ses bras, grimpe sur le mur, l'y dépose, hélas ! et lui parle ainsi : « Reste belle amie, reste ici sans crainte ; car nous voulons rire, te murer pour rire. » La femme le croit et rit de bon cœur, tandis que Manol fidèle à son rêve, soupire et commence à bâtir le mur. La muraille monte et couvre l'épouse jusqu'à ses chevilles, jusqu'à ses genoux. Mais elle, pauvrette. a cessé de rire. et prise d'effroi, se lamente ainsi : « Manol, cher Manol, ô maître Manol, assez de ce jeu, car il est cruel ! Manol, cher Manol, ô maître Manol, le mur se resserre et brise mon corps !... »

» Et Manol se tait, bâtissant toujours. Le mur monte encore et couvre l'épouse jusqu'à ses chevilles, jusqu'à ses genoux, et jusqu'à ses hanches, et jusqu'à son sein.

» Mais elle, ô douleur ! pleure amèrement et se plaint toujours : « Manol, mon cher Manol, ô maître Manol, assez de ce jeu ; je vais être mère ! Manol, cher Manol ô maître Manol, le mur se resserre et tue mon enfant ! Mon sein souffre et pleure des larmes de lait !... »

» Et Manol se tait, bâtissant toujours. Le mur monte encore et couvre l'épouse jusqu'à ses chevilles, jusqu'à ses genoux, et jusqu'à ses hanches, et jusqu'à son sein, et jusqu'à ses yeux, et jusqu'à sa tête ; si bien qu'aux regards elle disparaît, et qu'à peine, à peine, on entend sa voix gémir dans le mur : « Manol, cher Manol, ô maître Manol, le mur se resserre et ma vie s'éteint !... »

» Le long de l'Argesh, suivant le rivage, Négrou-Voda vient faire ses prières au saint monastère, monument de gloire sans pareil au monde. Le grand prince arrive et, dès qu'il l'a vu, devient tout joyeux, s'exprimant ainsi : « Vous mes architectes, mes maîtres-maçons, déclarez ici, la main sur le cœur, si votre savoir pourrait me construire un autre moutier, monument de gloire plus grand et plus beau ! »

» Les maîtres-maçons, les dix architectes, penchés sur le toit, se sentant soudain enivrés d'orgueil, répondent ainsi : « Il n'existe pas sur toute la terre de pareils à nous parmi les maçons. Sachez qu'à nous dix nous pouvons bâtir un autre moutier plus grand et plus beau ! »

» Le prince à ces mots, devient tout pensif, puis rit méchamment. Soudain, il commande qu'on brise l'échelle et l'échafaudage, et qu'on abandonne là haut, sur le toit, les pauvres maçons, afin qu'ils expirent. Mais eux, à l'instant, sans perdre la tête, ont tenu conseil. Lors ils se fabriquent des ailes volantes avec des bardeaux ; puis ils les étendent et volent dans l'air. Mais, hélas ! ils tombent, et après leur chute se changent en pierres.

» Et quant à Manol, à maître Manol, à ce moment même où il prend l'élan, voici qu'il entend, sortant des murailles, une voix chérie, faible et étouffée, qui pleure et gémit et se plaint ainsi : « Manol, cher Manol, ô maître Manol, le mur froid m'oppresse, et mon cœur se brise, et mon sein s'épuise et ma vie s'éteint !... »

» A ces mots touchants, Manol a pâli ; son esprit

se trouble, ses regards se voilent ; il voit tout tourner, le ciel et la terre, et du haut du toit il tombe soudain. La place où il choit se creuse en fontaine, fontaine d'eau claire, amère et salée, eau mêlée de larmes, de larmes amères ! »

Il faut la lire là-bas, cette histoire, dans le décor romantique et imposant de cette cathédrale de Curtea de Argesh qui s'éleva sur cette lamentable victime.

La retraite silencieuse de la montagne fait un cadre grandiose à la vieille architecture enserrée d'une frise grecque foliolée au-dessus des fenêtres à encadrements syriaques. Une ligne de trèfles arabes souligne le soubassement; aux corniches s'accroche la vigne eucharistique que picore la colombe mystique.

Les quatre coupoles s'étagent en dégradé au-dessus du chœur, de la nef et du narthex. A l'intérieur, le baptistère met une note persane dans cet art byzantin.

Derrière le narthex, le péristyle soutenu par douze colonnes veinées de vert précède la nef somptueuse où la lumière des vitraux tamisée, irisée, poudroyante, fait flotter, dans la pénombre, des traînées de bleu, de violet et d'or devant l'iconostase éclatant et le long des fresques hiératiques; et l'œil cherche la place maudite où la femme de Manol étouffe sa plainte d'épouse et ses cris de mère angoissée.

Pour le constater en passant, c'est une légende, comme l'a établi J. Brun, qu'on retrouve partout, celle de l'édifice qui s'écroule à mesure qu'on le bâtit, et qui ne devient solide que par la vertu d'une créature murée vivante. En Serbie, la forteresse de Scutari d'Albanie fut soumise à cette cruelle condition. Depuis trois ans, les trois frères Voucaschin, Ougljescha et Gojko Merljawtschewitsch employaient trois cents maçons à édifier la forteresse de Scada. Mais la nuit tout s'écroulait.

La quatrième année, la Fée des bois et des monts édicta qu'il fallait murer vive la femme d'un des trois frères, la première qui viendrait. Deux des trois prévinrent leur femme de ne pas venir. Le troisième, plus loyal, ne dit rien à sa fidèle épouse. Celle-ci ayant confié son nourrisson à sa vieille belle-mère, alla aux chantiers de la Bajana, où son mari Gojko la reçut en pleurant. Mais déjà ses deux beaux-frères l'ont saisie et les trois cents maçons se mettent à l'œuvre. D'abord elle crut à un jeu, mais les pierres s'amoncelaient. Alors elle implora ses beaux-frères, son mari qui détournait la tête en pleurant. Le Maître-Maçon ému de pitié ne put s'empêcher de lui accorder ce qu'elle demandait, deux ouvertures devant les yeux pour qu'elle ne cessât de voir sa jolie maison, et deux ouvertures devant ses seins pour qu'elle continuât d'allaiter son enfant qu'on lui amena pendant un an, jusqu'au sevrage. Depuis, les mères dont le lait est tari font ce pélerinage, et leur lait revient.

Dans l'Inde, Chand Khan fut enterré vif sous un bastion qui, avant cette formalité, s'écroulait à mesure qu'on l'édifiait.

En Islande, c'est au VIIe siècle, saint Oran qui est enterré vif dans les fondations du monastère de Saint-Colomban pour exorciser les démons ravageurs qui ruinaient chaque nuit le travail du jour.

En 1463, la digue de Nogat ayant été rompue, les paysans enivrèrent et emmurèrent un vagabond sous les assises de la digue neuve.

En Thuringe, un enfant fut jeté dans les substructions du château de Liebenstein. Le pauvre petit mangeait un morceau de pain tandis que les pierres s'amoncelaient, disant comme par jeu à sa mère présente :

« Maman je te vois ! Maman je te vois encore un peu ! Maman je ne te vois plus du tout. »

Sous les fortifications de Copenhague on a scellé une fillette qui fût installée devant des gâteaux et des joujoux.

Au pont de l'Arta, l'architecte a emmuré sa femme dont les frissons font encore vibrer la construction tremblante.

A Galam, en Afrique, un garçon et une fille

furent enterrés vifs sous la porte de la ville.

En 1850, sur le territoire de Tenasserim, deux condamnés à mort furent ensevelis vivants dans les fondations de la ville de Tavoy.

A Bornéo et au Japon on écrasait un esclave sous les fondations des grands édifices.

En Roumanie, vers 1850, les maçons avaient coutume de mesurer avec un roseau la longueur de l'ombre d'un passant, pour dérober son ombre à cet autre Peter Schlemil ; et on jetait le roseau dans les fondations. Celui à qui on avait fait ce rapt mourait, disait-on, dans les quatre jours. C'était bel et bien un emmurement. On remplaça l'ombre par une tête d'agneau écorchée, parce que les passants étaient récalcitrants et assommaient les maçons plutôt que de céder leur ombre. Voilà bien la survivance de la vieille tradition de Manol.

En Danemark on immole un agneau sous l'autel de toute église neuve.

En Grèce, on tue un coq et on l'enfouit sous les fondations des maisons en bâtisse.

En 1843, les femmes de Halle, en Allemagne, cachèrent leurs enfants, persuadées qu'on devait en voler un pour l'ensevelir sous le pont neuf.

En 1870, lord Leigh passa pour avoir emmuré un homme sous le pont de Stoneleigh.

En 1880, les piles d'un pont en construction ayant été deux fois emportées par le fleuve, le bruit courut parmi les Bhils des jungles que l'un d'eux allait être immolé sur le pont inachevé pour conjurer le sort malin. La tradition a traversé les âges, et la voilà tout près de nous.

L'épouse de Manol a donné le plus sublime exemple de résignation, et son martyre honore la femme roumaine, qui est fort bien traitée par le folklore de son pays.

Elle est bien, — et comment y échapper ? — l'objet de quelques malices : celles-ci sont rares et anodines.

Le vieux fabliau gaulois n'a pas droit de cité dans ce pays où la femme fut adorée avec déférence.

Cherchons pourtant quelques traits de satire.

Il est un conte qui me plaît particulièrement par sa finesse, sa profonde observation : je ne sais que Marivaux pour avoir eu de ces intuitions pénétrantes sur le cœur des femmes. Seulement le Marivaux Roumain a un cheval et une lance, et son marivaudage se noie dans le sang.

Le nôtre se contentait de sourire et de passer. Il y a dans le chant roumain plus d'âme, de foi, de sentiment profond et cruel, d'amour et de sensibilité, partant de colère et de férocité, de haine.

C'est le conte de Ghika Catanoutza. Le jeune et beau roumain et sa douce jeune femme, tous deux à cheval, gravissaient l'Ardéal par le sentier

8.

fleuri d'églantines et de coquelicots. Vers midi ils s'arrêtèrent pour prendre leur repas sur leurs genoux rapprochés. Puis Ghika dit à sa femme :

— « Tu ne m'as jamais rien chanté. Chante-moi une doïna.

A cette demande, Anna tressaillit. La région où ils se trouvaient était celle de son enfance, et elle y avait été fiancée toute jeune à un bandit turc, Aram Bacha ; mais elle le refusa et lui préféra Ghika. Or, Aram Bacha tenait la montagne avec sa bande. « Si je chante, dit Anna, il va m'entendre et accourir pour m'enlever. »

— Chante, reprit Ghika. Il ne sera pas dit que mon désir aura cédé devant la peur.

Elle obéit et elle chanta. Comme Demodocos qui avait une voix si belle qu'elle faisait trembler les poutres, Anna avait une voix si belle qu'elle roulait comme la foudre à travers bois et faisait ployer les arbres.

Aram Bacha entendit et accourut. Féroce, il dit à Ghika :

— Qui t'amène ici pour braver ma haine ? Donne moi ton cheval, sinon je ferai ton corps pareil à de la pastrama.

La pastrama est de la viande séchée au soleil.

Ghika refusa avec hauteur.

— « Alors donne-moi ton sabre ? »

— Non !

— Alors garde sabre et cheval, mais donne-moi ta femme, mon ancienne fiancée, sinon je t'assomme et te pétris comme pastrama.

Les deux hommes en viennent aux mains devant Anna, qui dicte elle-même les conditions du combat : pas de sabre, les poings seulement. Les adversaires se heurtent au poitrail comme des chevaux. Ils luttèrent de midi à la tombée du jour ; l'eau ruisselait sur leur cou et leurs bras, leur souffle était sonore.

Alors Ghika voulut donner, pendant le combat même, à son rival, la preuve qu'il était aimé davantage. Il défit sa ceinture, et sa culotte glissa sur sa hanche.

— Anna, fit-il, rattache ma ceinture, car je vais trébucher.

Les femmes sont toutes les mêmes, jupe large, cervelle étroite, chignon lourd, tête légère. Anna, par un raffinement tout moderne de ce que nous avons vilainement appelé la « rosserie », fut tentée par la trahison. Soit désir de prouver que tout homme a tort de se croire aimé davantage, soit admiration pour la force du Turc, soit souvenir ému de son enfance, soit simplement caprice et malice, elle refusa d'aider son mari, sous l'ingénieux prétexte qu'il fallait une lutte égale :

— Point d'aide d'un côté ni de l'autre !

Ce petit trait est une charmante trouvaille du

laoutar, il constate une connaissance pénétrante de l'âme féminine, si décevante. Ghika ne dit rien, mais le dépit décuplant ses forces, il se rua sur le Turc, le renversa, lui fit craquer les côtes sous son genou, vomir le sang et rendre l'âme.

— « Bravo, mon cher mari, » criait Anna.

Mais le cher mari ne dit mot, il enfourcha son cheval et partit en silence. Sa femme avait peine à le suivre. Il s'arrêta bientôt, et tendant à son épouse l'outre de vin, lui dit :

— Bois à présent, femme, car l'enfer me damne si tu bois encore demain.

Anna tremblante glissa sur les genoux.

Le mari lui adressa de sévères paroles, et la jugea comme on juge une femme adultère.

— Au sommet d'une de mes meules de foin je planterai ta tête en manière de croix.

L'ayant saisie par les cheveux, il la décapita. Et ayant planté sa tête au sommet d'une meule de foin, il partit vers la libre vie de sauvages aventures.

Pauvre petite femme ! petite chose frêle entre les mains de ces hommes terribles et fiers qui les écrasent comme des insectes.

Ce sont les maris et les amants qui portent les grands coups et accomplissent les incomparables exploits. Mais ce sont les femmes qui sont intéressantes, émouvantes, sympathiques, parce qu'elles aiment, souffrent et vibrent.

L'homme a surtout de l'orgueil. La femme est dévouée, tremblante, et elle nous émeut.

Anna fut vraiment bien peu coupable ; — que direz-vous de celle-ci ?

Etienne était fermier chez un boyard ; avec ses économies il put s'acheter un chariot, deux bœufs, une vache et douze agnelets. Un jour qu'il était en forêt, il mangea ses provisions et laissa ce qui restait, une boule de mamaliga, pour l'affamé qui la trouverait.

Ce fut un bon diable, Kirika, qui pour le remercier vint se mettre à son service sans lui demander d'argent ; il exigea seulement qu'au bout de trois ans, il put emporter ce qu'il voudrait.

— Oui, mais pas mon âme, dit Etienne.

— Non, rien qui vous fasse besoin !

— Tope donc !

Le petit génie fit dès lors prospérer les affaires d'Etienne, qui devint riche et songea à se marier. Mais il avait peur de mal choisir. Kirika le mena aux fêtes et lui indiqua une jeune fille modèle de toutes les beautés et de toutes les vertus, bien qu'elle eut tout de même une côte de diable au corps. Mais elles en ont toutes au moins une.

On le vit bien avec celle-ci. Comme elle allait chez son père, Kirika dit à Etienne :

— Laissez-la aller seule.

Et elle alla seule, avec leur petit enfant.

Kirika dit ensuite à son maître :

— Allez près de la maison de votre beau-père, où il y a une masure habitée par une vieille guenipe de baba. Vous enverrez celle-ci dire à votre femme qu'un riche boyard l'attend dans la masure.

— Mais ma femme est honnête.

— Vous le verrez.

Etienne trouve la baba, lui donne de l'eau-de-vie et de l'argent, et l'envoya faire la commission à sa femme.

La vieille baba persuada assez facilement à la jeune femme de la suivre. Elles trouvèrent Etienne qui ne fut pas reconnu dans l'ombre ; il les fit boire, bavarder, et quand elles furent bien ivres, il s'en alla avec l'enfant, en pestant contre l'infidèle. « C'est encore la meilleure de toutes », lui dit Kirika pour le consoler.

Après qu'elles eurent cuvé leur ivresse, elles revinrent à elles, et ne trouvant plus ni l'homme ni l'enfant, elles firent de grands cris.

— Emmaillotons un chat, dit la baba, et mettons le feu à la cambuse ; nous dirons que l'enfant a péri dans l'incendie, et on retrouvera le chat en cendres à sa place.

Ainsi firent-elles. Le beau-père dit que la mort de l'enfant était tout à fait regrettable, et il renvoya sa fille à son mari.

Celle-ci emmena la baba avec elle et rentra

chez elle en poussant de grands gémissements.

— Que veux-tu, dit Etienne, notre enfant a péri, Dieu l'a voulu. Nous en ferons un autre.

Comme Kirika entrait, la femme recommença ses cris et ses explications.

— Tu mens, dit Kirika, tout ce qui sort de ta bouche n'est que mensonge. Nous ferions mieux, plutôt que de t'écouter, de t'arracher ta côte de diable.

Et il la garrotta, et avec une tenaille il lui arracha la côte du diable.

— A présent, dit-il, Etienne, ta femme est parfaite. Je t'ai assez remercié pour ta boule de mamaliga. Je pars. Et j'emporte la baba.

Il partit, et la baba servit à consolider avec ses os le plancher de l'enfer qui était pourri à une place.

Elle ne fut pleurée que par son chat qu'elle avait bien dorloté.

Etienne reprit sa femme, vécut heureux avec elle, en disant quelquefois :

— Je l'ai échappé belle !

Je trouve la plus hardie satire des femmes dans cette petite chansonnette dont la composition savante n'indique pas une origine vraiment populaire :

— Une lettre, ma petite poule, une lettre, ma chère, une lettre de l'Empereur qui annonce l'arrivée de ton mari.

— Que le feu brûle la lettre et que je la voie en cendres.

— Prépare-toi, femme, voici ton mari.

— Laisse-le venir. Que le diable l'emporte. Que sa route soit semée de ronces. J'ai blanchi sa chemise. Je l'ai frottée d'orties, je l'ai séchée sur des épines. Je lui ai préparé pour souper deux carcasses de poule avec l'eau de la fontaine.

— Prépare-toi, femme, voici ton amant.

— Laisse-le venir. Que Dieu l'amène. Puisse sa route être semée de roses. J'ai blanchi sa chemise, je l'ai frottée de basilic ; Je l'ai séchée sur les fleurs ; Je lui ai préparé pour souper un jeune poulet et un broc de vin ; Car il m'aime et je fais ce qui lui plaît. »

Ce ton est peu fréquent.

Je ne sais si les laoutars ont eu le souci de la dignité virile au point de ne vouloir admettre qu'un homme pût être dupe d'une femme, mais les récits des frasques féminines sont rares, ce qui rend tout ce folklore particulièrement pur et moral.

Les sentiments de la famille et l'amour de la patrie y sont exaltés avec lyrisme.

C'est une école de beauté d'âme.

Une jolie vision se forme au-dessus de ces *doïna* riches en menus détails précis : le cérémonial du mariage roumain, la mariée coiffée d'une gerbe de fils d'or qui descend sur ses épaules ; le parrain et la marraine, dits *père assis* et *mère assise*, supportent pendant quelques minutes au-dessus des mariés une couronne de fleurs ou de métal ; les amis déposent leurs cadeaux dans l'assiette à sel placée sur la table du festin ; un sapin orné de fils d'or et de rubans est porté devant les mariés, puis, après la noce, cloué au pignon du toit.

La cérémonie du mariage simule, l'enlèvement, et les garçons d'honneur jettent des noix et des noisettes pour marquer que la jeune épousée renoncera désormais aux jeux de l'enfance.

Ses frères lui chantent :

— Feuille verte de muguet ! ma petite sœur, va dans la maison de ton mari. Quitte ton père, quitte ta mère, quitte tes frères, quitte tes sœurs, quitte le jardin avec ses fleurs, car tu seras toi-même un jardin dont les fleurs seront les enfants. Tu reviendras quand le saule portera des cerises.

La famille est constituée fortement, fondée sur le respect et l'amour des enfants pour leurs parents et réciproquement.

Le fils vénère sa mère, et Radu se lamente d'une façon touchante en pensant que sa mère vieille et chrétienne, prise et emmenée par les Turcs, sera exposée aux risées des infidèles.

L'amour maternel est dépeint selon une conception noble et belle de dévouement et de sacrifice.

Un orphelin, Marino, avait été adopté par une femme qui lui fit croire qu'elle était sa mère. La jeune fille qu'il aimait le détrompa et lui révéla qu'il vivait dans le mensonge de cette femme. Alors il l'éprouva.

Il lui dit qu'il avait tué un homme et elle lui lava les mains. — Il lui dit qu'il avait tué un enfant et elle lui lava les mains.

Une semaine se passa et au bout de la semaine Marino entra, une hache à la main, et dit à Florea : « Viens que je te tue ; je veux vivre seul dans cette maison. Viens que je te tue ; je veux vivre seul dans cette maison. Viens... »

Et il leva la hache, et Florea se mit à crier : « Au secours ! mon fils veut me tuer. Au secours ! » — « Ah ! tu vois bien, lui dit Marino, en laissant retomber la hache, que tu n'es pas ma mère. Ah ! tu vois bien. Ma mère se serait laissée tuer plutôt que de me trahir. Ce que je t'ai dit tout ce temps était mensonge. Pour tuer ton mensonge à toi, montre-moi le tombeau de celle qui se serait laissée tuer par moi ! »

La peinture de l'amour paternel, je la trouve touchante et poignante dans « Le Fils du Dragon ». — Ceci arriva jadis, qui n'est plus jamais arrivé et qui n'arrivera jamais plus.

Un dragon monstrueux vivait au fond d'une vallée et ravageait tout le pays. Il avait un fils pareil aux beaux enfants des hommes, mais devant son fils il prenait l'aspect d'un parfait cavalier au manteau d'argent, et le jeune homme ignorait que son père fût le dragon rouge, honni de tout le pays. Il dit :

— Je veux être comme toi un héros admiré de tous, je vais tuer le dragon rouge.

Le père frémit à ces mots, et il tâcha d'innocenter le pauvre dragon voué malgré lui par sa nature à dévorer la chair. Et il demeura quatre jours sans attaquer les passants, gémissant sur une pierre. Le cinquième jour il eut faim, et tua un vieux voivode qui passait avec son cortège.

La fille du voivode l'assassiné fut aimé par le fils du dragon, qui l'épousa. Le couple vint voir le père du mari, qui à leur approche quitta sa figure de monstre et prit l'aspect d'un galant cavalier. Et pendant le sommeil des époux, il éleva pour eux d'un coup de baguette un palais magnifique. La jeune Princesse ayant perdu son faucon, son beau-père lui donna pour le rappeler un sifflet d'ivoire. C'était le sifflet du vieux voivode récemment assassiné, dont cette Princesse était la fille. Une goutte de sang était encore sur l'ivoire, et cette goutte de sang intervenait à chaque instant pour dire à la Princesse :

— Ne laisse pas baiser tes cheveux par le meurtrier de ton père.

— Ne touche pas les doigts du meurtrier de ton père.

— Ne regarde pas les yeux du meurtrier de ton père.

Le dragon rouge, qui gardait toujours sa forme humaine, expliquait comme il pouvait ces étranges paroles. C'était le chant d'un corbeau, le sifflement du vent dans les saules.

Cependant Mihaï ne pouvait rencontrer le dragon rouge, et il jura de ne plus manger avant de l'avoir tué.

Le dragon rouge était au désespoir. Il était introuvable dans sa forme humaine. Mais son enfant, lié par son serment, ne mangeait plus et allait périr de besoin. Alors le pauvre père ayant vainement tenté de faire oublier le serment à son fils, disparut et alla se tapir sous sa forme hideuse de dragon au fond de la vallée, où son fils le tua.

Et il cherchait partout son père qui était mort par amour de lui.

C'est un récit pathétique et touchant, la destinée du méchant dragon rouge fait peine à entendre. Car ce n'est pas sa faute s'il est méchant, et il apporte dans son affection paternelle une sollicitude douce et dévouée. Ecoutez-le quand il veut persuader à son fils de ne pas se laisser mourir de faim après son serment de tuer le dragon rouge.

— « As-tu faim, as-tu soif, enfant ? »

— « Père, la soif me brûle ; comme un incendie, la soif est en moi. »

— « Je suis sûr, ô mon fils, que sans rompre ton vœu, tu pourrais boire une goutte de mon sang. Mon sang est frais encore, bien qu'il bouillonne comme aux jours où j'étais jeune quand ta mère m'a aimé. »

— « Non, répondit Mihaï, car j'ai juré de ne rien boire. »

— « Tu as juré, mon fils, de ne point toucher l'eau, le vin ou le jus des plantes ou du puits, mais tu ne songeais pas, en faisant ce serment, au sang de ton père. »

— « Non, non, répondit Mihaï, père, ne me tentez pas. »

Et trois jours de nouveau il parcourut la forêt, et de loin son père le voyait pâlir et chanceler, et le troisième jour son père s'approcha de lui, et dit :

— « O fils aimé, tu vas mourir. »

— « C'est vrai, père, je meurs, mais j'aurai tenu mon serment. »

— « O fils aimé, je vais ouvrir mes veines, et tu boiras mon sang à même mes veines bouillantes. »

— « Non, père, non, le serment d'un guerrier est sacré et sa mort est sacrée aussi, s'il meurt pour tenir son serment, donc je mourrai. »

Mihaï s'assit au pied d'un arbre et il dit à la vie :

— « Ma belle, adieu, adieu, ma vie au beau visage et à la lèvre douce, et au cœur généreux. »

Alors son père lui dit :

— « Lève-toi, va du côté de la rivière voisine et là, tu trouveras le dragon rouge enfin. »

C'est la même note dans le récit du Calarash qui revient de la guerre contre les Turcs, chargé de butin. Il rapporte une pelisse pour son vieux père. Ah ! voici la maison ! Mais quoi ! le toit ne fume pas ; la cour est fermée et vide. Vient à passer le pope. « Mon père est absent ? » Le pope, en silence, du doigt montre la terre. Et le Calarash étend sur la tombe la pelisse qu'il a rapportée pour son père, afin qu'elle le protège du froid et de la neige. Et il repart vers les batailles.

Ce conte encore dit l'amour paternel avec une émotion profonde et vraie.

Dans les autres littératures aussi vous avez lu l'histoire : le plus souvent c'est un marin parti pendant de si longues années que sa femme se croit veuve et se remarie ; et le marin revient le jour de la noce.

Ici c'est un soldat roumain que les Turcs envoient à la guerre contre les Tatares. Le récit est charmant par le détail : la maison du vieux père, près du puits, le vignoble fleuri, le vieillard à la barbe et à la chevelure blanches, aux yeux de rêve ; il lui naît un fils sur le tard, et il adore ce petit être, frôle de son front ses menus poings fermés, le couche au soleil sur un lit de roses. L'enfant grandit, aime, se marie, et doit partir aussitôt pour la guerre. — « Ne pleurez pas, dit-il aux siens. Vous pleurerez dans dix ans si je ne suis pas revenu, car alors il n'y aura plus d'espoir ; je serai mort. Alors, mes parents, remariez ma douce veuve éplorée, car elle sera trop jeune pour demeurer seule. Que ses noces soient gaies et sans vains remords, car je dormirai au loin, blême, sans croix, face au ciel, sur un talus ou dans la plaine.

Stefan alla guerroyer, de dix ans il ne revint pas. Le vieillard pleura, mais respectant la volonté du mort, il chercha un nouveau mari pour sa bru. Et la noce fut une bruyante fête. Mais le vieux père était triste, et se levant au festin il dit :

— Ce m'est grand'douleur de vous voir boire le vin vendangé jadis par mon fils. Ah ! douleur et découragement ! Départ sans retour ! Pour moi, pour la dernière fois, je bois cette tasse de vin : je n'en boirai plus jusqu'à ma mort qui est proche.

Lentement il descendit jusqu'à sa vigne fleurie et il la saccagea, arrachant, cassant, coupant les ceps.

Alors passait un cavalier qui demanda :

— Qui donc ruine ainsi des vignes riches et fleuries ? Vieillard à barbe blanche, es-tu fou de couper ainsi les grappes, les greffes, les boutures, les plants et les racines pour laisser toute la vigne pourrir sur le sol.

Le vieux expliqua au cavalier la cause de sa douleur, le départ et la mort de son fils, les secondes noces de sa bru.

— Donne-moi l'hospitalité, vieillard, demanda Stefan, car je suis à bout de force.

Le vieillard sortit de l'enclos, et Stefan étant descendu de cheval le hissa sur la selle à sa place. Il arrivèrent à la maison où la hora tournait dans la cour, joyeuse et bruyante ; les brocs de vin circulaient. Puis on se mit à table et le vieillard présentait aux convives l'assiette au sel où chacun doit mettre son cadeau. Quand ce fut au tour de l'étranger, il y mit son alliance, en s'excusant de n'avoir rien autre. Sa femme l'ayant examinée la reconnut et se réjouit. Le mari reprit sa place au foyer, et ce fut son retour que célébrèrent les fêtes préparées.

Le récit, dont ce n'est ici que l'abrégé, est d'une émotion forte et pénétrante. Il est peu de peinture qu'on puisse rapprocher de celle qui est faite ici de la douleur paternelle à la mort d'un fils. Je ne vois guère que l'*Héautontimoroumène* de Térence, à qui celui-ci fait songer. Le père romain congédie ses esclaves et refuse le luxe de sa maison puisque son fils ne le partage pas. Le père roumain saccage ses vignobles que son fils a plantés. Sa réponse au cavalier qu'il n'a pas reconnu, a une vraie beauté :

— Fier cavalier qui porte les armes, quand j'étais à ton âge, je n'avais pas de fils ; mais il m'en vint un sur le tard et il fut ma joie et mon orgueil, je sentais mon cœur rajeunir auprès de sa jeunesse et je chantais des *doïne* pour l'endormir. J'espérais en son avenir ; j'en fis un solide gas. Tout cela n'est plus qu'un souvenir ! A ses vingt ans je lui choisis une épouse chaste aux yeux doux. La noce eut lieu le dimanche parmi l'allégresse de tous, le jeudi mon fils était appelé aux armées. Il s'en alla bravement, en nous faisant promettre de l'attendre dix ans. Oh ! l'attente interminable ! Les jours, les mois, les ans sans nouvelles ! J'ai remarié sa veuve, la noce est là, les gens sont à table et festoient tandis que je pleure, et pour cacher mes larmes, j'ai fui et je suis venu avec l'outil de fer détruire les ceps et les grappes. Car je hais ce que j'ai tant aimé et je brûlerai ce vignoble, à présent que mon fils n'est plus ! »

Michelet disait que l'Amour occupe toute la place dans le Folklore roumain. Il connaissait mal celui-ci. C'était faire à l'amour la part trop large. Celle qui lui reste est encore fort belle, mais il y a autre chose ; et d'abord le culte de la bravoure, naturel aux descendants de Michel le Brave et aux ancêtres des héros de Plevna.

L'homme n'a pas le privilège de l'héroïsme.

L'amour n'occupe pas seul les pensées de la femme.

Celle-ci aussi est hardie à ses heures, et n'estime rien tant que le courage et la force, si nécessaires dans ce pays de luttes incessantes contre les envahisseurs.

Il y a telle légende où une princesse est si héroïque qu'elle passe pour un prince.

Je vous ai dit le conte où une épouse assiste au duel de son mari Ghika et de son rival Aram, prête à se donner au vainqueur.

Et Chalga, dont Caracatouche a volé les brebis !

En selle !... Le voleur fuyait, fuyait, fuyait, mais Chalga est ici, elle est là, plus près encore, et elle lui trancha la tête en courant.

Avec quelle violence farouche la femme excite les braves contre les oppresseurs de sa patrie !

— Le pays est plein de chenilles hongroises et de charençons russes. Enfants roumains, si vous avez une âme, allez au sarclage ! Celui qui a un fusil, qu'il y mette sept balles, celui qui a une grande hache, qu'il la fasse luire au soleil. Moi je n'ai ni fusil ni cognée, mais mes dents sont fortes pour mordre.

Que feront les hommes dans un pays où les femmes ont cette énergie, et où se succèdent les oppresseurs à haïr.

Ce sont les Turcs honnis : ils ont enlevé Kira ; les frères de la jeune fille tirent une vengeance terrible des ravisseurs, pirates de Braila, serpents du Danube.

Ce sont les Grecs (ballade de Codrean) ; ce sont les Hongrois, que la chanson maudit :

— Hongrois au manteau écourté, ne t'attarde pas en Moldavie. Retourne dans ton pays pour y manger de la graisse, et, frotte ta maison avec de l'ail pour la garantir des revenants.

Ou cette autre :

Près des champs déserts brûle le feu que j'allumai,
Laisse-le brûler, car c'est terre hongroise.
Formez la hora, que je danse à la lueur de ce feu.

» Hongrois à la longue moustache, j'ai dit à la mort de te poursuivre, à la flamme de te brûler, à la croix de te pendre. La hora ! que je danse a la lueur de ce feu.

» Hongrois, chien enragé, tu m'as fait souffrir, le temps est venu de me venger. Formez la hora !»

Ce sont les Russes, les Cosaques et autres :

— Feuille verte de panic ! Ton sein nourrit les juments des Cosaques, les chiens affamés des Allemands, les Turcs gorgés de pilaf, et les Ciocoi. (Les Ciocoi : ce sont les parvenus, gavés de richesses et flagorneurs des phanariotes. Le peuple leur porte une haine vigoureuse).

» Ciocoi, si je pouvais te tenir dans la forêt, je meurtrirais ta chair avec la massue, j'arracherais ta peau, j'en habillerais mon fusil et mes pistolets pour que la pluie ne les rouille pas ! »

La force physique est le premier des devoirs. Ovide fut méprisé parce qu'il ne savait que chanter et se plaindre.

Un homme digne de ce nom doit savoir guerroyer, sur terre et sur l'eau, et les tempêtes du Danube ne peuvent pas l'arrêter. Le proverbe le dit :

Qui bat le Danube ne sera pas battu par sa femme.

Les poignards, les ceintures garnies de couteaux qui sonnent en se heurtant, sont de fréquents sujets de ballades rouges de sang et sonores du choc de l'acier.

Le régime de terreur et d'oppression sous lequel la Roumanie gémit longtemps, créa un type particulier, curieux, et au demeurant sympathique, l'Heiduque. C'est une sorte de bandit généreux, de franc-tireur audacieux, de révolté, d'indépendant, qui se dresse du haut de son cheval bai contre les boyards et les ennemis du peuple. Il est déjà socialiste. Avide de liberté, il déclare:

— « La terre n'est ni à toi, ni à moi, elle est à Dieu !

Son banditisme loyal a des égards et des ména-
gements imprévus. Si le voyageur qu'il détrousse
est un chrétien, il lui laisse un cheval sur deux
et cinq piastres sur dix.

L'heiduque Basile a massacré dans sa maison
le propriétaire, sa femme, ses enfants ; mais il
soufflette un de ses hommes, qui ayant trouvé
dans un tiroir du beurre et du fromage, les mange,
quoique ce soit jour maigre.

Sans les exploits sanglants qu'il sème sur sa
route, ce serait un bandit d'opéra.

Voici comment on devient ce qu'il est.

Les Turcs envahissent la maison de Badin.
« Tiens ferme ! lui crie sa femme. Les soldats de
l'Islam le lient par des cordes contre la cheminée.
Pour être délivré il leur offre ses trésors et leur
indique la cachette. Les Turcs s'emparent de l'or
mais ne délient pas le prisonnier. Celui-ci leur
livre sa femme toute parée et fardée. Les Turcs
la prennent, mais ils ne coupent pas les cordes.
Alors la femme réussit à s'enfuir ; elle court
chercher son frère qui accourt avec du renfort.
Les Turcs sont massacrés et brûlés. Badin se
sauve pour les représailles, s'arme de son bouz-
dougan et se fait *heiduque*. Comme un bandit
corse il prend le maquis, si l'on peut dire.

— « Je me ferai justice avec mon fusil et j'aurai
les chênes pour juges ! »

Il devient ce type fier et hardi d'aventurier qui rançonne les villes et les routes, tient ses ennemis au bout de son fusil, et libre comme l'air, ne craint que Dieu et Diable.

La légende populaire l'a souvent célébré comme un sauveur, un vengeur, un être surnaturel et invincible. Le poème de *Corbéa* est le modèle le plus frappant de ces épopées qu'anime un souffle de révolte et de justice sociale.

Sombre feuillage des ronces ! l'heiduque Corbéa gémissait en prison. Le voivode Stefane-le-Sourd, créature des Turcs, l'avait enfermé dans un des cachots d'Opriche en l'accusant d'avoir volé un sabre au pommeau ciselé et un cheval au poil roux. De lourdes serrures scellèrent l'étroite porte ; les deux poignets du captif étaient pris dans des cercles épais de fer retenus au mur par des chaînes. Le sol détrempé était un cloaque infect dans lequel il enfonçait, la voûte était hérissée de chauves-souris. La tête du captif était courbée par le poids d'un lourd carcan qui lui serrait le cou.

Lui qui jadis courait vainqueur par monts et plaines, il était là depuis vingt-sept années dans cette nuit et cette horreur.

Le soir, au coin de l'âtre, les gens en parlaient avec effroi.

Or, ce samedi-là, veille de Pentecôte, le Voivode, coiffé du goudjouman, haut bonnet de feutre noir à fond blanc, alla prier à l'église.

Et ce jour là, la vieille mère de Corbéa, qui à l'arrestation de son fils avait fui jusqu'aux derniers confins de Moldavie, revint pour revoir son enfant. Elle était vieille, maigre, avait des yeux ardents ; ses pieds sanglants s'étaient déchirés aux cailloux du chemin.

Elle apportait pour le prisonnier quatre œufs rouges et un morceau de pain. Elle entra dans la ville aux premières lueurs de l'aurore par le Pod de Brashov, et erra longtemps par les rues, comme on erre en forêt, avant de trouver la prison.

Quand elle y fut, elle dit tout haut :

— Mon fils ! vis-tu encore ? Reconnais-tu ma voix ? C'est ta pauvre mère ! Vis-tu encore ? ou faut-il que je donne au pope une piastre d'argent afin qu'il dise pour toi la prière des morts ?

Corbéa l'entendit et se hissa des coudes jusqu'au soupirail. Et il disait :

— Mère chérie, j'entends et je reconnais ta voix. Je n'ai plus que le souffle, mais je suis encore en vie. Mes cheveux sont si longs qu'ils me servent de litière. Ma barbe tombe jusqu'à mes genoux. Les scorpions et les couleuvres rampent sur moi. Quand je suis entré ici les grenouilles étaient grosses comme une noix et les vipères minces comme une corde. A présent les grenouilles sont grosses comme des gourdes et les vipères ne passeraient pas par les bondes des tonneaux. Ma tête s'appuie sur une pierre toujours humide, et je ne dors jamais. L'eau que je bois est grouillante de bêtes. Mais ce ne serait rien, si une couleuvre n'avait son nid dans ma barbe ; ses petits frétillent et frôlent de leur peau souple la chair encore tiède de ma poitrine dont ils sucent le sang.

La vieille aussitôt courut au cabaret chercher un broc de vin et le tendit vers le soupirail. Corbéa put le saisir, le vida avidement, et le lança avec vigueur dans la rue, où il tua un bandit qui passait.

Puis il recommanda à sa mère d'aller trouver le Voivode à l'église, le Grand Dimanche, et de l'implorer pour obtenir sa grâce en échange d'une rançon.

La mère alla aussitôt trouver le Voivode à l'église, et l'implora pour obtenir la grâce de Corbéa en échange d'une rançon.

Le Voivode lui dit :

— Vieille femme maigre, à la tête prompte, oublies-tu donc que c'est aujourd'hui le Grand Samedi, veille de la sainte Pentecôte ? Que parles-tu de pardonner ? En vérité, c'est trop peu. Relève-toi et va dire à Corbéa que je lui donne une fiancée la plus gentille qui soit, par le ciel ! Elle est vierge, et on l'a amenée, pour la noce, des bois de Slatina ; ses pieds sont blancs, sa taille fuselée, sa coiffe en pointe ; elle a tout à fait bon air. J'invite à la noce tous les laoutars en souliers jaunes et en cafetans couleur de safran ; ce sera superbe. Va, bonne vieille !

La vieille alla à la prison et répéta ces paroles à Corbéa qui aussitôt s'emporta disant :

— Jolie ambassade ! Tais-toi, mère ! Les femmes sont toutes les mêmes, jupe large, étroite cervelle ! Je t'avais dit : va Dimanche ! Et tu as été le samedi ; et la fiancée qu'il me donne, ah ! elle ne fera pas de jaloux : c'est le pal. Malheur sur moi ! Malheur sur toi ! Et les laoutars, ce sont les vautours fauves aux ongles jaunes qui boiront mon sang et me crèveront les yeux. Ah ! la belle noce !

La vieille meurtrissait du poing son visage.

Son fils reprit : — Mère chérie ne pleure pas. Si mon cheval est encore vivant, je ne mourrai point. En lui est tout mon espoir. Retourne vers notre maison, descends dans la cave où ma brave bête m'attend et se nourrit de charbons ardents ; et ramène-moi mon cheval sans harnais, avec sa bride seulement, et recouvre-le de sa housse d'argent et de son coussin brodé. Si tu reviens avec lui, ma tête tiendra encore sur mes épaules.

La vieille alla. Avec une pioche, elle creusa le fumier et la terre, mit à jour un vieux pan de mur, puis quatre portes de chêne qu'elle devait ouvrir.

Le cheval Roux était encore dans le souterrain, et il lui parut si beau qu'elle en fut éblouie. Elle mit dans son auge des charbons ardents et de l'eau fraîche, le lava avec du vin fleuri de sauge, et, le recouvrit de sa housse d'argent et de son coussin brodé.

Le Roux lui dit :

— Pourquoi m'avoir, moi le coureur des plaines, si longtemps emmuré dans ce souterrain grouillant d'insectes. J'avais trois ans quand j'y entrai ; à présent je suis vieux, et mes pas sont lourds.

La vieille le prit par la bride et l'amena dehors. Le Roux huma fortement le vent tiède du soir tout sonore du chant des oiseaux ; il emplit ses yeux du spectacle des champs, des monts et des bois, sur lesquels le soleil se couche, et il poussa un fier hennissement qui fit croûler les chaumières d'alentour. Il attendit. Son maître, à cet appel, ne parut pas.

La vieille, le tenant par la bride, le mena vers la ville. Aux approches de la cité, le Roux hennit, le palais vieux tressaillit sur sa base, et les boyards se concertaient entre eux, en disant : «Voilà Corbéa ! » Sans doute il s'est évadé ! Malheur sur nous ! »

Quand ils virent la vieille qui menait le cheval, ils lui dirent :

— Vends-moi ce bel étalon. Je te le paierai cher, deux juments de l'Ukraine, trois, si tu veux !

— Que le ciel m'accable si je vends le Roux répondit-elle. Je ne le donnerai qu'au libérateur de mon fils.

— Que le diable t'emporte et que Dieu nous protège, disaient-ils, car Corbéa quand il était libre nous rançonnait, nous dévastait, pillait nos caves et nos demeures, enlevait nos filles et nos femmes, il était la terreur de la région.

La vieille poursuivit son chemin vers la prison sans répondre.

Feuille de tulipe ! Fleur de primevère !

Corbéa dit à sa mère d'aller à la Cour. Stefan-le-Sourd trônait parmi les boyards. En apercevant la vieille, il frappa dans ses mains et ordonna sur l'heure le supplice de Corbéa. Accoudé à la fenêtre, il regardait le beau cheval, tout troublé de désir, et sa barbe fourchue en tremblait. Il envoya les boyards demander la bête, mais la vieille dit :

— Elle sera pour celui qui saura le monter.

— Ça, mes écuyers, dit le prince, en selle !

Mais chaque écuyer qui tentait d'enfourcher le Roux, celui-ci le lançait en l'air avec un fier hennissement, et l'homme retombait sur le pavé, la tête brisée.

Neuf Calarashs furent ainsi assommés. Alors la vieille dit :

— Pourquoi massacrer tout ce monde ? Corbéa vous montrera la manière.

— Qu'on l'aille quérir, dit le prince.

Les boyards suivis de leurs varlets prirent le prisonnier avec son carcan et ses chaînes, et le couchèrent sur un train de charrue ; puis ils l'amenèrent au palais.

Il était si affreux à voir que les femmes se sauvaient. Sa barbe battait ses genoux ; ses cheveux tombaient jusqu'à ses pieds, sa moustache trop lourde faisait ployer sa tête et ses sourcils cachaient ses yeux.

Le Prince dit :

— Salut, Corbéa ! et réjouis-toi. Tu viens à la noce, et tu danseras à la fête. Pour te dégourdir, monte cette bête, que je voie son allure.

Corbéa répondit, tranquille :

— Oui, prince ; mais tu le vois je ne puis saisir la bride avec ces mains chargées d'anneaux et de chaînes.

— Déliez-le !

— Prince, quand la crinière du Roux flottait au vent jadis, ce lourd carcan ne chargeait pas mes épaules.

— Brisez le carcan.

— Prince, si tu crains que je m'évade, fais sceller les portes. Mais du temps où je montais le Roux, j'avais la barbe taillée et les cheveux courts. Aujourd'hui mon cheval me regarde, frissonne et ne me reconnaît pas.

— Tondez-le.

— Prince, je suis prêt. Mais je suis mis comme un loqueteux, le Roux ne voudra pas de moi. Jadis j'étais vêtu somptueusement et ma mise ne déparait pas la housse d'argent et le coussin brodé : aussi le Roux s'agenouillait à mon approche.

Stefan-le-Sourd sentait croître et s'irriter en lui le désir de voir gambader cette superbe bête. Il jeta au prisonnier sa pelisse, et son sabre, en demandant :

— Monteras-tu enfin ?

Sans se presser Corbéa vêtit la pelisse et ceignit le sabre. Il s'approcha du cheval, siffla le vieil air familier, et le Roux hennissant de joie s'agenouilla. Corbéa le monta et sans même le toucher du talon le mit au pas et lui fit faire le tour de la cour. Un murmure d'admiration courut parmi les rangs des boyards.

Alors Corbéa se redressant cria :

— Voivode Stefan, à présent je ne crains plus rien. Assemble tes Calarashs et tes Dorobantz, place partout tes gardes, je vous défie !

Le Voivode surpris fit verrouiller les portes et doubler les gardes. Puis il dit :

— Si Corbéa n'est le diable lui-même, la mignonne fiancée aura sûrement son époux.

Alors le Roux bondit sous l'éperon, et le feu

sortait de ses naseaux ; ses fers creusaient le pavé, qu'il labourait comme un ouvrier d'enfer ; sa bouche vomissait l'écume ; en un saut il eut traversé la cour. Corbéa pique droit à sa mère, qu'il enleva d'un bras pour la porter en croupe. Alors il parcourut la cour au pas, comme s'il eut mesuré l'arène, s'arrêta, regarda le haut mur, choisit sa place, et soudain comme si cheval et cavalier eussent eu des ailes, ils sautèrent par dessus l'obstacle d'un bond prodigieux.

Quand il fut de l'autre côté du mur, Corbéa s'écria :

— Ah ! tu m'as pendant vingt-sept ans tenu captif dans la fange, dans l'horreur des ténèbres, parmi les vipères. A présent, cherche les valets qui sauront me rendre à la fiancée que tu me destinais !

Stefan-le-Sourd était penaud et disait :

— C'est ma faute !

Corbéa songea d'abord à son geôlier. Il alla vers la prison, héla le porte-clefs, et lui dit en lui tendant un broc de vin ! « Holà, vieux drôle ! le Voivode m'a gracié ! Tout à la joie ! » Le stupide geôlier ricanant se mit à boire ; alors Corbéa le saisit par la barbe et s'écria :

— Ah ! canaille, tu m'as martyrisé et fait boire de l'eau croupie ! Tu vas me le payer.

D'un coup il le décapita et lança la tête à travers la prison. Le corps sans chef reput les chiens de la rue.

Lors le terrible heiduque alla au palais où Stefan-le-Sourd avait réuni le Conseil des vornics et des logophètes. A l'aspect de Corbéa, tout tremble. Le justicier s'avance et fait tourbillonner son sabre énorme, troue les yeux, fend les têtes, s'enivre de carnage, se baigne dans le sang ; puis il remonte sur son cheval le Roux et prend le galop vers la libre vie et les héroïques aventures.

Si l'ennemi de la patrie rencontre de furieuses haines, il n'en est pas de même pour l'ennemi de la religion.

Le Roumain est très tolérant. Il n'est décidément réfractaire qu'à l'Islam.

S'il méprise le Juif, c'est que celui-ci, sachant seul les affaires, accapare l'argent et la terre.

— « Le Roumain n'a plus de place dans son propre pays ; il est comme la poussière des champs. »

La religion ne figure guère dans le folklore et n'est pas un souci. On y croise quelques religieuses amoureuses comme Sœur Madeleine, quelques moines que le *dor* poursuit au monastère, et qui luttent contre l'amour avec une étrange énergie de termes et de sentiments :

" Puisse le feu te consumer, forêt, puisse-tu
Tomber sous la hache ! Puissent les
Arbres brûler comme brûle mon cœur !
Quand je m'incline devant le images
Mes regards se portent sur les femmes.
Quand je lis les saints livres mes regards se
Tournent vers les jeunes filles ;
Quand je vois une femme, l'habit
Tremble sur mon dos "

La Noël, le Jour de l'An, le jour de Pâques donnent lieu à des spectacles, des promenades d'enfants qui chantent en portant au bout d'une perche une étoile lumineuse en papier huilé, suivis des Mages et des soldats romains.

— « Levez-vous, boyards ; levez-vous, laboureurs, car au ciel a paru une étoile d'Empereur. Le monde fleurit, les tourterelles chantent, une colombe apporte une fleur blanche et vous souhaite de fleurir et de vieillir comme les pommiers. »

C'est l'usage, qu'on retrouve partout, de la quête à domicile à l'occasion de la Fête Sacrée.

Il me reste un trait à marquer ; il est le plus apparent et le plus joli : c'est le sentiment de la nature qui répand le parfum de sa poésie sur toutes ces touffes de fleurs sauvages.

Ils ont exprimé sincèrement, profondément et de la façon la plus heureuse, ce sentiment qui fut longtemps chez nous si artificiel.

Il est absent des Chansons de Geste, et les chansons d'amour ne présentent que des clichés de convention, tels que les broderies et joailleries du trop fameux rondeau de Charles d'Orléans.

Tout autre est le langage des vieux aèdes roumains, interprètes des laboureurs, qui donnent aux travaux des champs la grandeur d'un rite inconscient.

Les Montagnes, les Cimes neigeuses, les Forêts murmurantes, les Plaines dorées par la moisson ou durcies par le gel, les fleurs douces au regard les enchantent, les inspirent. Leur folklore est une suite d'aquarelles ravissantes, délicieuses, d'un symbolisme aimable :

— Feuille verte de noisetier ! je partis la nuit par un beau clair de lune pour trouver une fleur qui fait le souci de mon âme et lui demander pour qui elle penche son front et soupire. — Je m'incline, répondit la fleur, parce que le chagrin me pénètre ; je suis fanée avant le temps. Je fleuris trois jours et je suis brûlée par le vent ; sur moi tombe une ombre épaisse et noire et l'on ne distingue plus si je suis une fleur ou une herbe.

Cette image de la vie fait penser à Bossuet : « Le matin elle fleurissait, avec quelle grâce, vous le savez. Le soir nous la vîmes séchée. »

Ce tableautin est joli :

— Devant la blanche maisonnette qui se mire

dans le Sabar, quand ma douce Maritza retroussée entre dans l'eau, on croit voir un cygne. Je la guette derrière les roseaux de la berge, entre les vols d'oiseaux et les rayons de lumière, et je jalouse l'eau qui la caresse.

Des motifs de ce genre abondent. Non seulement les arbres et les plantes, les fontaines et les moissons occupent la pensée ravie des aèdes, mais les bêtes de la ferme, les chevaux, les chiens, les troupeaux ont leur prédilection. Leurs chants ont une senteur de foin et d'étable.

Le cheval est le meilleur ami de son maître, comme le Xanthe ; il parle avec lui ; il le conseille ; il l'avertit du danger. C'est un être supérieur, surnaturel. Il a plusieurs âmes, deux âmes assez souvent ; sept âmes quand il est un étalon rare.

C'est le compagnon, l'ami, le conseiller, le confident du cavalier (ou calarash) et de l'heiduque.

Il faut entendre le calarash parler à son cheval qu'il va quitter :

— Je meurs du tourment de savoir à qui te laisser, Mourgo, mon joli bai-brun ! A mon père ? Les vieux ne savent que s'endormir à côté du poêle en hiver, et l'été, le ventre au soleil, que ferais-tu d'un pareil gardien ? Je meurs de tourment, feuille de mûrier toute parfumée ! sans savoir à qui te laisser, mon joli Mourgo ! A mon frère ? Il est toujours en procès et oublierait de te donner la fraîche luzerne et l'avoine blanche. Ma mère ? elle ne connaît que son tarot. Ma sœur ? elle ne songe qu'à ses coquetteries et te négligerait, ô ma jument à l'œil noir. Allons, viens avec moi, et ne nous quittons pas. Je peignerai encore tes crins et ton poil ; nous aurons soin l'un de l'autre, et si tu vis content je serai heureux. En route et advienne que pourra !

J'ai seulement résumé et rétréci ce chant délicieux de tendresse, plus touchant et plus précis que les vers fameux de Lamartine. L'angoisse de ce calarash anxieux de l'avenir de sa chère jument est rendue avec un accent pénétrant et vrai qui nous émeut. C'est encore une des formes de cette tendresse câline qui caractérise une race faite pour aimer.

Si le cheval est l'ami du cavalier, le chien est l'ami du berger, ils s'aiment et se secondent l'un l'autre.

Costé a été à la ville acheter du sel pour ses moutons, du son pour ses agneaux, des manteaux pour ses bergers, des sandales pour ses serviteurs.

Pendant son absence, Fulga lui vole ses troupeaux. Costé rentre, constate le vol, se lamente. Ses jeunes chiens ne disent rien. Alors arrive lentement en faisant de grands détours et les oreilles basses, Dolka, la vieille chienne fidèle.

Le berger demande d'un ton de reproche :

— Où sont mes troupeaux ?

La chienne se plaint, se couche à terre, humble, et montre sa patte blessée en luttant contre les voleurs. Costé la saisit dans ses bras :

— Dolka! ma chère Dolka! tu as été blessée pour moi ! Mais nous retrouverons les bandits, je te suivrai.

Dolka jappe, puis bondit, le nez dans l'herbe, sur la piste des brigands, et les découvre. Costé tue Fulga, lui arrache le cœur et le lance à Dolka pour qu'elle s'en repaisse. Mais la sage chienne refuse en déclarant :

— Cœur de traître est poison mortel.

Voilà certes une chienne avisée et supérieure à bien des gens.

Il y a dans ces chants une tendre effusion des cœurs qui se fondent et s'étalent sur toute la nature amie pour la pénétrer et l'adorer.

Les moutons encore sont des animaux aimables, et la petite brebis Mioritza mériterait d'être mieux appréciée chez nous où on l'ignore.

La Mioritza est une pastorale à la fois pittoresque et touchante. Le Moldave a trois bergers qui savent tondre la laine et faire cailler le lait. Les brebis paissent les bonnes herbes odorantes près des sources claires, et le soir le pâtre fait résonner les trilles de la flûte. Il a une brebis préférée, la brebiette, la Mioritza, et celle-ci ne mange plus. Pourquoi brebiette ?

L'herbe est-elle amère à ta bouchette ? L'eau est-elle fade ? Mais la brebiette est triste parce qu'elle a entendu les bergers comploter la mort de leur maître. « Si je dois mourir, répond celui-ci avec un fatalisme oriental et résigné, mon sang retombe sur mes meurtriers. J'épouserai au lieu de ma mie la reine fiancée du monde ! Du moins, qu'on m'enterre ici près de mes troupeaux et de mes chiens, le long du ruisselet qui arrose les prés de menthe et de serpolet, que sur ma tombe on dépose ma flûte aiguë, taillée dans un petit os de chevreau, et ma flûte plus grave creusée dans une branche de sureau, et ma belle flûte qu'entoure un fil d'or. Les vents en soufflant dans les trous les feront chanter. En entendant ce chant, si mon amante échevelée vient pleurer et me chercher, ne lui dis pas que je suis mort ; mais que je suis allé dans les prés cueillir la marjolaine et la sauge. Etranges fleurs pour nos épousailles ! Si tu rencontres ma mère inquiète errant par les champs, elle demandera à tous avec angoisse : Qui de vous connaît un berger si svelte qu'il glisserait dans une bague, au teint blanc comme le lait, à la moustache blonde et fine comme un épi de blé, aux cheveux noirs comme l'aile du corbeau, aux doux yeux, aux œillets pareils à la mûre des champs ? — Dis-lui que j'ai épousé mon amie et que je suis parti au loin, mais ne lui dis pas que ma noce a été faite aux portes du paradis, qu'à ma noce une étoile rouge a filé, que j'eus les monts pour prêtres et les tristes sapins pour témoins, et les oiselets pour chanteurs et les étoiles pour flambeaux. »

Or, les traîtres tuèrent leur maître. Ses brebis et ses chiens pleurèrent sur sa tombe et les flûtes chantèrent au vent. La brebiette, la Mioritza, le cou tendu, demeurait là pour guetter la fiancée. Elle resta là durant des mois, et ses yeux rougissaient à regarder l'horizon. Elle mourut de vieillesse à attendre, et l'amante ne vint pas,

> Et le pâtre de la vallée
> Troubla seul du bruit de ses pas
> Le silence du mausolée.

La fin du poème de Millevoye semble faite pour conclure la légende roumaine, si jolie et si touchante, du berger que pleurent seules sa mère et sa brebis.

Michelet, ayant lu *Mioritza*, écrivait :

« C'est un chant antique, une chose sainte et touchante à fendre le cœur. Rien de plus naïf ni de plus grand. C'est là qu'on sent bien profondément cette aimable fraternité de l'homme avec toute la création. Il y a aussi, il faut le dire, et c'est malheureusement un trait national, une résignation trop facile. L'homme ne se dispute pas à la mort ; il accueille, il épouse aisément cette reine fiancée du monde. Hier sorti de la nature, il semble trouver doux de rentrer dans son sein. »

Non, le trépas ne le fait pas trembler ; mais aussi quelle bravoure et quelle crânerie ! comme il accepte d'avance la mort ! il ne la craint ni ne la fuit, et c'est un lion à la guerre, et ses exploits font rayonner l'histoire et la légende.

Les descriptions de la nature et des paysans sont d'une vérité intéressante, d'un réalisme coloré, d'un relief solide.

Un des plus caractéristiques parmi ces contes pourrait porter le nom de l'Epître de Marot : *Le Dérobé*. Son genre et son charme sont complexes, tiennent à la fois du fabliau et du drame, de la vendetta corse et des bucoliques virgiliennes. C'est une bergerie sans la fadeur des pastorales de Gesner et de Florian. Le réalisme y est crû et violent ; les touches de couleur locale y ont de l'audace et de l'énergie. Dans l'odeur de ferme, du lait et du foin, il se répand une odeur de sang. Des cris font résonner l'étable où bêlent les agneaux, et les recoins obscurs des écuries ont quelque chose d'effrayant. Ni la moindre fantaisie, ni la moindre divagation ne viennent gâter le tableau par leur invraisemblance, c'est une pastorale vécue par de vrais pâtres sales et brutaux, parmi des brebis qui ne sont ni peignées ni enrubannées.

Sur le versant du mont Istritza, près de Buzeu,

suivez ce solide gars : c'est Georgitza, fils de Ne-
goitza. Il a un compte à régler. Il fait le commerce
de peaux de moutons, de lait, de crème, de fromage;
il parcourt les fermes, et sait faire le difficile pour
payer moins cher : — Cette laine est trop courte,
on n'en fera rien sur les fuseaux. Cette crème est
amère, elle a un goût moisi. » Il la crache.

Ce matin-là, il vint à la bergerie du vieux Radu,
et lui demanda : — Sais-tu où est Macovei ?

— Non, que lui veux-tu ?

— C'est mon beau-père. Il n'a pas donné la dot
et sa fille est partie de chez moi. Il a mon argent et
l'a caché par ici. Mais puisque je te vois, n'as-tu
rien à vendre ?

— Si fait, des toisons et de la crème.

Ils entrent dans la métairie. Georgelash pense
que Macovei s'y cache. Il épie et observe.

— Qui dort là-bas, sur un tas de peaux de moutons ?

— C'est mon petit berger. Il a bu trop de lait
hier, il est malade aujourd'hui. Je le laisse dormir.
Voici des toisons.

Georgelash les tâte, mais distraitement. Par habi-
tude il dit : « C'est de la laine bonne à jeter au feu ! »
Son attention se porte toute vers le coin obscur de
l'étable où l'inconnu dort sur un tas de peaux : il
a cru reconnaître Macovei. Il dit : — « Cette laine
ne vaut rien. Allons voir ces toisons là-bas ! »

Il se dirige vers le coin obscur, reconnaît Macovei, le saisit par les cheveux et le fait tourner comme une fronde en lui rappelant ses méfaits.

Macovei méritait cette correction, car nous apprenons là qu'il s'était véritablement mal conduit envers Georgitza, son berger et son gendre. Il lui tirait la barbe, lui volait son pain, mettait du poivre dans son eau-de-vie ; quand il se penchait pour boire à la rivière, Macovei et ses gars venaient le cogner d'un coup de poing sur la tête, ce qui lui brisait les dents, et il buvait de l'eau sanglante. Macovei a mis le comble à ses forfaits en lui donnant pour femme une nièce à lui, fille dévergondée, sans payer la dot. Au lieu de quatre bœufs solides. il lui a octroyé quatre chats et, en guise de vaches laitières, une chatte pleine. Ce pauvre Georgitza avait quelque argent caché, Macovei l'a dérobé. Et le jour de la noce, savez-vous ce qu'inventa ce facétieux beau-père ? il enivra lourdement le marié qui tomba à terre ; lors il lui mit des braises rouges dans ses bottes et le força de danser ainsi la hora en hurlant. Le pauvre épousé s'évanouit de douleur. On a beau être de bonne composition, la patience a des bornes, et Macovei semble bien les avoir franchies, car Georgitza se décide à se fâcher tout de bon. Il a saisi Macovei par les cheveux, il le fait virer comme une fronde neuf fois, puis il le jette sur les pierres, ô verte feuille de tulipe ! — très rudement.

Radu crut devoir intervenir :

— Un peu de calme, l'ami ! Ne casse rien, et pas d'esclandre ! Allons ! C'est vrai, Macovei a caché ici ton argent. Le pot est dans le sable près l'âtre ; il tient cinq cents piastres. Va le reprendre.

— Cinq cents piastres ! C'est 1.500 qu'il m'a volées ! Ah, c'est toi le recéleur ! Tu vas me le payer.

Et voilà Radu à son tour qui vire comme une fronde, pendu par les cheveux.

— Oh ! Aïe ! Patience ! il y a un autre pot de 500 piastres de l'autre côté de l'âtre !

— Ce n'est point mon compte ! attends, canaille !

Avec un couteau, il coupe à ras la barbe et la moustache de Radu, qui hurle et finit par lâcher le troisième pot.

Georgitza trouva les pots, les vida dans sa besace, rossa d'importance à coups de bâton les deux compères, et s'éloigna tout fier sur sa jument. Il acheta du bien, eut des prairies, des troupeaux, des forêts, fit un beau mariage et vécut heureux.

Il est charmant ce récit naïf, comique et coloré. Le tableau de la bergerie dans la montagne y a de la netteté et du pittoresque. Ce type de commis voyageur en toison et en lait, qui goûte la crème et la crache parce qu'elle est aigre, est amusant. Les mauvais tours que lui joue Macovei et le châtiment de Radu et de son complice font songer aux brimades et aux bastonnades des drames de Guignol. C'est un récit typique qui dit la poésie des métairies, les avantages de la force physique. Peut-être Georgitza a-t-il eu tort pour lui-même d'attendre si longtemps et de prolonger l'ère de patience Mais c'est son affaire.

Dans le même lot de ballades populaires, la variété est grande puisqu'à côté des descriptions naturalistes comme celle qui vient d'apparaître sur l'écran, on trouve des légendes d'une poésie suave, d'un lyrisme élevé, d'un sentiment agrandi par le voisinage des cimes et exalté dans la pureté des montagnes.

Il n'est pas un pic des Carpathes qui n'ait sa fable ; Carmen Silva a trouvé dans ce folklore alpestre de brillantes pages et d'heureuses inspirations.

Les *quatorze contes du Pelesh* disent toutes ces légendes avec un charme pénétrant qui touche le cœur : mais par leur note personnelle, ils appartiennent plutôt à une étude (que nous ferons) des œuvres littéraires de la Reine.

De Sinaïa, on les voit ou on les devine, tous ces monts légendaires des Carpathes, des Bucegi, des Alpes de Transylvanie.

Virful cu Dor est Le Pic du Désir, sur lequel jadis un berger fit la gageure — l'enjeu était de sept juments, — de passer tout l'hiver dans la montagne, loin de son troupeau et loin de sa bien-aimée, seul. Il se fit une hutte contre la neige et le vent. Il demeurait de longues heures devant la porte, songeant à son amie et à ses brebis, et le printemps lui paraissait interminable à venir. En vain trompait-il le temps en soufflant dans des flûtes de sureau et dans son cor d'écorce, seul l'écho lui répondait et il se consumait dans un long ennui. Avec les jours il oublia sa mie. Mais il ne pouvait oublier ses brebis, et il demeurait les yeux fixés sur la vallée où son troupeau s'en était allé. La nuit, il lui semblait entendre dans le bruit des vents les bêlements familiers de ses bêtes, et il dépérissait du *dor* de ses moutons.

Enfin ce long hiver passa, le printemps revint et un matin, de joyeuses sonnailles vinrent à ses oreilles, il les reconnut, il courut ; de loin il aperçut son troupeau, ses chères brebis avec leurs agne-lets. Il étendit les deux bras, poussa un grand cri de joie et tomba la face contre terre, il était mort : on l'enterra dans la montagne, qui depuis s'appelle le Mont du Dor.

Autre cime, qui a aussi son histoire.

Les Gepii étaient deux frères jumeaux, seigneurs de la montagne, ils se ressemblaient à s'y méprendre. Ils aimèrent la même femme, la sauvage et blanche Urlatoare, mais leur amitié fraternelle les empêcha de se brouiller, chacun se désista en faveur de l'autre. La pauvre Urlatoare s'en remit au sort du soin de choisir. Elle se précipita du sommet de la roche en disant : Qui me sauvera m'aura ! Dans sa chûte, elle fut métamorphosée en une jolie cascade : les deux frères s'étant jetés à son secours furent changés en rochers, là où ils tombèrent. Leur mère désolée désira mourir, et les bras étendus, elle se lança dans le vide. Elle tomba sur les rochers de ses fils et fut aussitôt changée en une mousse épaisse et molle qui les enveloppa tendrement.

L'Omul se dresse non loin, et rappelle ce qui se passa dans les temps.

Un pâtre s'égara sur la crête des Bucegi et se mit à jurer contre les œuvres de Dieu, qui le punit en le pétrifiant sur place. Et depuis tous ces rochers sont mornes, stériles, dénudés, affreux. La nuit, le Malin mène la ronde des âmes maudites, de ceux qui ont péri de male mort dans la montagne ; elles grimpent et rampent le long des rochers et l'on entend les longs hurlements de leur plainte ; elles implorent du Seigneur la fin de leur tourment ; mais le Malin juché sur le pic le plus élevé, change les prières en imprécations et les soupirs en blasphèmes, et il frappe les oraisons d'un éclair de flammes bleues.

A la porte du ciel, un ange de grâce veille, et quand il entend une prière de vrai et sincère repentir, alors il s'élance comme une étoile filante et il arrache à Satan l'âme contrite. Mais le Malin est si fin qu'à peine il laisse échapper une âme damnée tous les cent ans.

Le pic de la *Furnica* a aussi son origine légendaire.

Les fourmis avaient adopté une orpheline, Viorica. Elles la trouvèrent si douce qu'elles en firent leur reine. Mais Viorica aima un prince Charmant qu'elle voulut suivre. Elles furent sourdes à ses prières et pour que ses gémissements ne fussent pas entendus dans la vallée, elles élevèrent la haute montagne de la Furnica, barrière de sanglots, digue de larmes, porte de douleur.

Caraïman était un géant joyeux et de bon caractère; quand il jouait de la cornemuse et du cor d'écorce, les monts et les prés tressaillaient d'allégresse. Il avait un nombre considérable d'enfants qu'il aimait tendrement. Mais ceux-ci se disputèrent à l'avance leur part d'héritage. Pour les mettre d'accord, Caraïman fit du fouriérisme et du socialisme, il partagea son royaume en parts égales et chacun eut la sienne. Mais bientôt tout fut pire qu'avant. Les plus paresseux perdirent leur

part, les plus actifs accrurent la leur. De là des
jalousies, des querelles, des batailles. Plusieurs
furent tués, et les autres se révoltant contre leur
père voulurent lui dérober sa cornemuse enchantée.
Alors survint une tempête formidable qui les ba-
laya tous, et souvent on entend encore cet ouragan qui mugit jusque vers la vallée de la Prahova.
Et jamais on n'exposa mieux que dans ce mythe
les difficultés insolubles de la question sociale.

Un élément manquerait à ce pittoresque des
légendes, s'il n'était symbolique, allégorique et
mythique.

Le sentiment de la nature y est exprimé avec
tous les caractères du folklore, avec le souci, la
terreur ou l'admiration des phénomènes naturels :
la succession du jour et de la nuit, de l'hiver et de
l'été, l'aube et le crépuscule, les orages, les tempêtes. La lutte du soleil contre les ténèbres est
contée dans les combats d'un jeune prince en butte
aux sortilèges de laides sorcières, et par ces liens
mystérieux et lumineux le folklore roumain se
rattache au système indo-européen des légendes
aryennes ; il entre dans le cycle des mythes qu'ont
étudiés Voss, G. Hermann, Lobeck, Creuzer, Ott-
fried Muller, Wecker, Preller, Burnouf, Maury,
ou plus particulièrement en ce qui concerne le
folklore, les frères Grimm, Adalbert Kühn, Sim-

rock, Cox, Gould, Comparetti, Paulin et Gaston Paris, Fauriel ou Afanasief.

Les règles de la mythologie comparée posée par Max Muller d'Oxford, s'appliquent ici. Ce folklore enrichit la somme des tragédies de la nature écrites dans la mémoire des premiers pâtres.

« La Mythologie est, dans la forme, une maladie du langage, et au fond, une poésie de la nature » a dit Max Muller. Cet axiome est encore vrai ici ; ces contes sont des métaphores, si les astres et les saisons, le matin et le soir, l'orage et l'arc-en-ciel, sont le Prince et la Fée, et si du moins il est avéré que le corbeau et le renard sont le jour et l'aube se disputant la lune.

Ils sont nés dans une tribu primitive et se sont dispersés en s'accommodant à de nouveaux milieux, tout comme les mots du langage.

Ces mythes solaires ont parfois une grandeur épique. Ils furent inventés par les pâtres au cours des longues nuits passées dans la montagne sous le ciel constellé d'étoiles. Alors le berger rêve et salue les astres qu'il reconnaît et il raconte leur histoire.

Il regarde la lune disparaître à l'horizon quand le soleil apparaît à l'autre bout du monde, et il s'imagine que c'est là une poursuite perpétuelle et vaine en châtiment d'une erreur de jadis.

Et en effet le soleil, un jour, voulut se marier avec celle qui lui sembla la plus belle, Ileana Simzeana, sa sœur. Et celle-ci ne voulait pas épouser son frère ; elle mit à leur union des conditions impossibles ; elle exigea que le soleil fît sur la Mer Noire un pont d'acier portant un monastère et un escalier qui monterait au ciel. Le soleil bâtit le pont et l'escalier et il arriva au Paradis, où Adam et Eve lui firent honte de vouloir épouser sa sœur. Comme il n'entendait rien, Ileana feignit de se résigner, gravit les marches du pont, et arrivée au faite elle se précipita dans la Mer Noire, où elle devint une murène d'argent. Des pêcheurs la recueillirent et la lancèrent au ciel, où elle demeura fixée : ce fut la Lune. Le Seigneur ordonna que jusqu'à la consommation des siècles, le Soleil la poursuivrait sans jamais l'atteindre.

Le plus souvent le Soleil n'est désigné que sous le voile de l'allégorie : c'est un prince, un héros, ailleurs Apollon ou Siegfried, ici Fat Frumos, Fils Charmant.

Sa naissance fut surnaturelle.

Un vieil empereur se désolait de n'avoir pas de fils, car son voisin, son vieil ennemi, venait de passer le pouvoir à un fils vigoureux. Et le vieil empereur pleurait, tout comme un lion aux dents et aux griffes usées. L'impératrice aussi se désolait et ses cheveux d'or tombaient en désordre sur la blancheur de ses seins stériles. Elle vint prier devant la Madone, qui eut pitié, car une larme perla aux cils de la sainte statue. L'orante but cette larme et elle fut enceinte.

Son fils fut appelé *Fat Frumos din Lacrima.* Il était beau et fort. Quand il jetait sa lance, celle-ci entrait dans le ciel, et retombait sur son petit doigt. Il chantait fort bien en jouant du pipeau. Les pics et les vallées épiaient sa chanson, les sources, les ruisseaux s'arrêtaient pour l'ouïr, et les aigles écoutaient immobiles sur les mornes glacés.

Il partit pour vaincre le voisin de son père, le Grand Empereur. Il arriva à un lac, entre deux crêtes dentelées comme une mâchoire de louve ; la lune montait, argentant le cristal d'un lac au fond sablé d'or. Il entra dans le palais du Grand Empereur voisin ; celui-ci, loin de vouloir guerroyer, lui demanda son alliance et son appui

Les deux princes s'embrassèrent et se déclarèrent *Frères de Croix* aux acclamations des boyards. Ils s'adressèrent des questions. Le Grand Empereur dit :

— Fils Charmant, que crains-tu le plus ?

— Dieu. Et toi ?

— Moi ? Dieu, et la Mère des Forêts.

La Mère des Forêts était une horrible fée dont

l'haleine ravageait prés et forêts et armées hérissées de fer. Elle exigeait du Grand Empereur la dîme de tous les nouveaux-nés de son royaume. C'était ce jour-là à minuit qu'elle devait venir chercher les petites victimes. Une tempête affreuse annonce sa venue : Fils Charmant saisit la magicienne et l'enferma dans un gros mortier de pierre recouvert d'une lourde meule scellée de sept chaînes de fer.

Mais la vieille fit rouler le mortier, et dans sa prison de granit, elle se transporta jusque chez elle : le mortier brisait les forêts et creusait les lacs.

Fils Charmant suivit la ravine ainsi faite et arriva à un palais qu'encadraient des floraisons inconnues, parées de toutes les nuances de l'arc-en-ciel. C'était la demeure de la vilaine Mère des Forêts, dont la Fille qui était fort belle aima aussitôt Fils Charmant ; et elle lui apprit le moyen de vaincre la vilaine Fée, qui après un combat terrible fut assommée.

Fils Charmant ramena Ileane au palais du Grand Empereur, qui le remercia de l'avoir délivré de sa redoutable ennemie. Il lui demanda aussitôt un second service, qui était d'enlever et de lui amener la fille de Genar le Chasseur Noir, pour laquelle il se mourait d'amour.

Fils Charmant s'était lié avec le Grand Empereur par la Fraternité de la Croix. Aussi ne pouvait-il pas lui refuser son secours. Il traversa des lacs d'émeraude, des cimes neigeuses, des sommets déchiquetés le soir par la lune pâle, il arriva à la forteresse où la fille de Genar était enfermée. Deux fois il tenta de l'enlever, mais deux fois Genar, qui chassait dans la montagne, fut averti par le chien à sept têtes qui aboyait devant la forteresse. La première fois il pardonna ; mais la deuxième fois il saisit Fils Charmant et le lança jusque dans le ciel, d'où il retomba en poussière, et là où il toucha le sol, jaillit une source vive environnée d'épais feuillages. Le murmure chantait tristement le regret de la belle Iliane.

Jésus et saint Pierre passèrent par là, et Jésus ayant étendu la main en disant *Amen*, la source disparut et Fils Charmant ressuscita. Il aperçut au loin Jésus dont la face éblouissante restait visible à l'horizon et projetait sur la mer un sillage de lumière comme le coucher du soleil sur les eaux.

Fils Charmant adora le Seigneur et se ressouvint aussitôt de son Frère de Croix qui languissait d'amour pour la fille de Genar. Celle-ci lui enseigna le moyen de se procurer un cheval à sept âmes, tandis que le cheval de son père n'avait que deux âmes. Aidé par l'empereur des moucherons et par l'impératrice des écrevisses, il put échapper à une vieille sorcière qui décapitait ses victimes et plantait leur tête au bout d'un pieu. Il restait un pieu libre, et il se balançait en criant :

— Ma tête ! ma tête !

La sorcière comptait y mettre celle de Fils Charmant. Mais celui-ci parvint à tuer la sorcière et à vaincre Genar, que son cheval lança dans le ciel où on ne vit plus que deux diamants noirs qui étaient ses yeux.

Le Grand Empereur croyait son Frère de Croix mort et il pleurait. Il eut grande joie à le revoir et à recevoir de sa main sa bien-aimée, la fille de Genar.

Quant à Iliane, elle était enfermée dans un couvent où Fils Charmant vint la rejoindre.

— C'est toi, dit-elle ?

— Comment ne serait-ce pas moi !

Ils s'épousèrent. Les deux noces du Fils Charmant et du Grand Empereur se firent en même temps. Une gerbe de rayons vint apprendre aux laoutars comment chantent les anges du ciel. Iliane portait une robe tissée par les papillons bleus avec toutes les fleurs les plus odorantes. Fils Charmant eut un manteau tissé de rayons de lune et couleur du temps. Ce furent de belles noces, on y vint de cent lieues à la ronde. Elles durent encore à moins qu'elles ne soient finies comme ce conte.

11.

M. Léo Bachelin a curieusement identifié les héros de ce mythe : Fils Charmant, c'est le Soleil, comme Apollon ou Héraclès. Il a pour ennemis les ténèbres, qui sont la mère des Forêts, et Genar ; Iliane, c est l'aurore et le printemps. Comme Apollon esclave chez les Hyperboréens, Fils Charmant est vaincu, changé en source, pour ne reparaître qu'au temps des muguets. Sur le mythe solaire indien se sont greffés des éléments nouveaux, le souvenir de Trajan dans le prestige des Empereurs, le christianisme avec le passage de Jésus, la chevalerie avec le souvenir des Frères de Croix, et maints détails de couleur locale roumaine.

J'analyserai ici un autre conte du même genre, un drame imagé des forces de la nature.

Un pauvre vieux et une bonne femme, désolés de n'avoir pas d'enfants, adoptèrent un petit cochon.

La vieille le lava, le baisota, lui mit du saindoux aux jointures et lui tira le bout du nez pour le préserver du mauvais œil, comme on fait aux enfants nouveaux-nés.

L'Empereur voisin promit sa fille à celui qui pourrait construire un grand pont d'or incrusté de diamants et bordé d'arbres, où chanteraient toutes sortes d'oiseaux comme on n'en voit pas sur la terre. Qui essaierait sans réussir serait décapité, et aurait la tête où il a les pieds.

Quantité de fils d'empereurs et de rois avaient déjà péri. Le petit cochon entendant raconter ces choses dit :

— « C'est moi qui ferai le pont ».

Et ayant mis le groin à la fenêtre, il creva la vessie qui servait de carreau, il fit partir de ses yeux des rayons qui allèrent jusqu'au palais et devinrent le pont merveilleux.

L'Empereur envoya sa fille qui fut stupéfaite de trouver au bout du pont cet étrange mari : un petit cochon.

Elle se résigna et fit bien, car chaque soir le porcin se muait en un beau jeune prince qui était Fils Charmant. Il jetait dans un coin sa peau de cochon.

La reine mère insinua à sa fille :

— Brûle cette vilaine peau !

Et elle la brûla. Et aussitôt le pont et le porc disparurent. Et comme la jeune mariée était enceinte elle désira fort retrouver son mari. Elle le chercha partout. Elle savait seulement qu'il était au monastère de Saint-Encens.

Mais ni la Sorcière, ni Sainte Mercredi, ni Sainte Vendredi, ni Sainte Dimanche ne purent le lui indiquer.

Une alouette boîteuse l'y conduisit. Mais les saintes lui avaient donné des amulettes, une quenouille d'or qui filait toute seule, un fuseau d'or qui enroulait le fil tout seul et une poule en or entourée de ses poussins en or (on la voit aujourd'hui au Musée de Bucarest). La sorcière, pour lui voler ces précieux talismans, lui fit subir de pénibles épreuves. Enfin Fils Charmant apprit qu'Iliane était là, et châtia la sorcière en la faisant coudre dans un sac de noix attaché à la queue d'une jument sauvage. Là où tombait une noix tombait un lambeau de la chair de la sorcière, et quand chut le sac, chut aussi la tête.

Fils Charmant se hâta de délivrer sa femme qui était enceinte depuis trois années, il lui toucha le nombril, et le cercle de fer qui l'enserrait tomba. Un beau fils naquit et ils furent tous heureux.

C'est un conte charmant, avec une succession naturelle et aimable de tableaux divers : le vieux et la vieille désolés dans leur cabane de n'avoir pas d'enfants : maison sans enfants c'est cloche sans battant !

Le petit cochon partant pour le palais de l'Empereur avec son père adoptif, est amusant.

— Ravi d'aise, le cochon fit une ronde encore plus folle sous les bancs, puis il partit en trottinant derrière le vieux, à quelques pas de distance, en grognant et en reniflant par terre.

La scène où le vieux présente son cochon à l'Empereur en lui disant : « C'est mon fils, il fera le pont ! » est un petit chef-d'œuvre d'ahurissement comique.

C'est là un Mythe solaire encore. Le cochon Fils Charmant, n'en déplaise à Phébus, c'est le soleil. Observez que le porc eut jadis sa noblesse. L'Edda le tient en haute estime. Les Latins célébraient les *Suovetaurilia*. Freies et Freia chevauchent une laie aux soies d'or ; Adonis, Odin, Ulysse, Méléagre, Thésée, Héraklès ont affaire à des porcs et à des sangliers.

Le pont mythique est le rayon solaire. La peau de porc nocturne est le déguisement que prend le soleil qui disparaît pendant la nuit. La sorcière au sac de noix, c'est la nuit ; les noix sont les étoiles. Ainsi l'affirment les mythologues.

C'est possible, mais avouons que ce symbolisme est assez indifférent, et qu'on éprouve un suffisant plaisir à se laisser séduire par le prestige du récit, amuser par les péripéties, et bercer par le charme des détails. Si Peau d'Ane m'était conté ? Nous y prenons toujours plaisir. — Notez que *Peau de Porc*, c'est une variante du même conte que *Peau d'Ane*. Cette défroque est la brume dont l'aube se voile, ce qui fait sa lumière laiteuse.

Voici encore une histoire de déguisement.

La Nuit est une peau de chouette ; elle déguise l'Aurore, comme la peau d'âne enveloppe la fille du roi. De même Héraclès porte une peau de lion, le danois Lodbrok une peau d'ours, Oannès une peau de poisson.

L'Empereur dit à ses fils :

— Tirez une flèche, et le bonheur sera là où elle tombera.

Les deux premiers trouvèrent le bonheur dans de riches maisons de boyards.

Le troisième, Fils Charmant, vit sa flèche atteindre le ciel, puis rester au sommet d'un arbre, — sans doute l'arbre de vie cosmique, comme celui d'Eve ou celui des Hespérides, ou le frêne Ygdrasil des Nornes, le sureau du Tyrol ou le cyprès des Perses.

Fils Charmant monta à l'arbre, reprit sa flèche et rentra tout penaud, suivi de sept chouettes. La plus grosse d'entre elles se mit dans son lit, et il n'osait se coucher, à cause de cette vilaine bête : mais, ô joyeuse surprise, elle se changea en une jolie princesse. Pour la garder sous ce gracieux avatar, il jeta au feu sa peau de chouette : et la princesse disparut.

Prince Charmant se mit à sa recherche et courut monts et forêts. Il rencontra trois diables qui se battaient pour une paire de bottes, un bonnet et un fouet. Mais ce ne sont pas friperies de peu : les bottes sont de sept lieues, comme celles du Petit Poucet ou du Chat Botté ; le bonnet rend invisible et le fouet pétrifie les ennemis.

Fils Charmant les met d'accord en leur volant les trois talismans ; avec le fouet il les pétrifie, et avec les bottes il se sauve.

Il entra sans être vu chez sa femme qui avait accouché de leur fils. Il ne se tenait pas de joie. Ici se place une scène délicieuse. Sans être vu, Fils Charmant s'attable près de sa femme ; de temps en temps il soulève son bonnet du côté de son fils et lui sourit. Celui-ci dit :

— Papa est là !

— Tu rêves, dit la mère.

Cependant les plats disparaissent à la place du père invisible.

— Qui mange tout cela ?

— C'est papa, dit le fils en riant.

Le père engouffrait tous les mets, comme si les loups se battaient dans sa bouche.

— Qui donc mange ainsi ?

— Maman, je jure que c'est papa.

— Mais où donc ? Mimi, tu dis des bêtises.

— Mais non, je dis des sagesses. Il est là, il m'embrasse.

Fils Charmant ôte son bonnet et devient tout à fait visible ; sa femme fut étonnée et ravie de le revoir. Il fut un Roumain fort et fameux — on parlera de lui dans tous les siècles.

Peau d'Ane est chez nous le type de cette famille de contes.

De même les bons tours de Roman le Malin sont les mêmes à peu près que ceux de notre Petit Poucet en lutte contre l'ogre, ici le Zméou. C'est le Pokatigorochek le Slave ; c'est le Daumling allemand, le Tom Thumb anglais, le Pérédur des Gaels, le Piccolino italien, l'Obéron de Wieland, etc.

Voici encore une histoire ; je la résume à regret, car les détails en sont charmants.

Il y avait une fois un valet de ferme fort pauvre et fort beau, avec ses fins cheveux blonds et sa moustache légère, sa belle tournure et son gracieux minois. Les filles se mouraient d'amour pour lui. Mais il ne regardait ni à droite, ni à gauche et poussait devant lui ses bêtes vers les coins où l'herbe est la plus drue et la meilleure, et il semait la joie devant lui. On l'appelait Fils Charmant.

Un jour, il s'assit sous un arbre aussi vieux que le monde, dans une douce vallée émaillée de fleurettes souriantes, près d'une gracieuse colline où un ruisselet sortait en jet cristallin d'un tronc de bois creux pour se frayer un petit chemin luisant au soleil ; mille oiselets gazouillaient. Fils Charmant s'endormit. Il vit en songe une fée qui lui ordonna d'aller faire fortune au Palais de l'Empereur. Il n'osa pas d'abord, mais le songe étant revenu, il prit congé de son patron qui le regretta beaucoup.

Il entra au service du Palais comme aide-jardinier (tel Apollon chez Admète ou Hercule chez Laomédon).

L'Empereur avait douze filles à qui il arriva ceci. Le soir, leur père les enfermait dans une salle de bronze sous une sextuple chaîne de cadenas. Et le matin, elles avaient toutes tellement dansé que leurs souliers étaient en loques. Où dansaient-elles ? avec qui ? L'Empereur promit le mariage à qui le devinerait. Onze fils de rois et d'empereurs avaient essayé de les guetter : et on ne les avait plus jamais revus.

Fils Charmant apportait tous les matins des bouquets aux princesses, et il se sentait pris d'un sentiment fort tendre pour la plus jeune, qui le regardait d'un œil aimable. Mais il n'osait rien en faire paraître, par crainte de perdre sa place. A trop sucer le meilleur fruit, on ne gagne que lèvres enflées. Chassé du Palais, où irait-il ?

La Fée du Val Fleuri lui apparut et lui fit don d'un laurier magique dont les fleurs étaient des talismans précieux. Grâce à elles, il fut invisible et suivit les princesses, dont on ne savait pas où elles pouvaient bien aller danser pour user leurs souliers de la sorte. Il entra avec elles dans leur chambre, et vit bientôt le plancher s'entr'ouvrir sur une galerie souterraine, par laquelle elles se rendaient vers un palais tout égayé de lumières, de pierreries et de musique. Des laoutars jouaient avec entrain des danses, la hora, la batuta, la kindia, le piparushul, la ratza. Les danseurs étaient les onze fils de rois et d'empereurs qui avaient épié les jeunes filles pour les épouser et qui avaient disparu. Après le bal, un magnifique souper fut servi, puis les danseuses rentrèrent par le même chemin, avec leurs souliers usés à force d'avoir dansé.

Trois fois Fils Charmant les accompagna, invisible ; puis il lui arriva même de marcher sur la traîne de la plus jeune, qui s'écria effrayée :

— Quelqu'un nous suit !

Mais elles ne voyaient personne et elles se moquaient de leur sœur, dont sans doute la robe s'était accrochée à quelque buisson.

Chaque fois, Fils Charmant rapporta une branche du jardin merveilleux, d'abord une branche d'argent, puis une branche d'or, puis une branche de diamant, et il la mettait dans le bouquet matinal qu'il offrait à la plus jeune des princesses. Celle-ci connut par là qu'il était un être rare élu du ciel, et comme le dernier jour la fée avait changé son habit de jardinier contre de superbes vêtements de prince, elle le choisit pour époux, et ses sœurs épousèrent les onze autres fiancés : ce furent des noces admirables, qui durent encore peut-être, à moins qu'elles ne soient terminées, comme ce conte.

Comme ce conte, — et comme notre promenade

parmi les bergers conteurs et les bruns laoutars, vêtus de blanc, soutachés noir et rouge.

Ces contes sont charmants, intéressants, rarement comiques, mais d'un sentiment tendre, caressant, ému ; ils éveillent dans l'imagination et dans le cœur une sympathie affectueuse pour ceux qui les ont inventés et récités. Nous les connaissons et les lisons trop peu. Ils méritent un peu plus notre attention, et par leur mérite, et par leur attrait, et par leur charme, et aussi parce qu'ils sont la littérature orale populaire, c'est-à-dire la plus précieuse, la plus éloquente, la plus sacrée. Elle mérite les honneurs de cette brillante et tumultueuse prosopée que lui adressait Adam Mickiévicz : (au „ Konrad Wallenrod")

« Chants populaires, cercueil sacré de la foi, qui unissez les temps anciens aux temps nouveaux, c'est en vous qu'une nation dispose les trophées et les héros, l'espoir de ses pensées et la fleur de ses sentiments. O chant populaire, tu as une voix et des ailes comme les archanges, souvent tu as aussi des armes comme eux ! La flamme consume les œuvres du pinceau ; les brigands pillent les trésors ; mais le chant échappe à jamais et passe à travers les hommes. Si les âmes avilies ne savent le nourrir du désir et de l'espoir, il s'enfuit dans les montagnes, il s'accroche aux ruines, et de là il parle du temps passé. De même le rossignol s'envole d'une maison incendiée et s'arrête un instant sur le toit ; mais si le toit vient à tomber, l'oiseau s'enfuit dans les bois, et du milieu des ruines, du milieu des tombeaux, il chante au voyageur, d'une voix retentissante sa chanson plaintive, que les siècles ne cesseront d'écouter. »

CHAPITRE III

L'Œuvre littéraire de Carmen Sylva

J'ai eu l'honneur de connaître et d'approcher Carmen Sylva avant d'avoir lu ses œuvres. La plus populaire de celles-ci en France, *Les Pensées d'une Reine*, parurent en 1882, à une époque où ceux de ma génération, assis sur les bancs du lycée, étaient trop absorbés par les derniers examens pour se tenir au courant de la littérature contemporaine, mal vue en général par les maîtres d'études de ce temps-là.

Depuis, j'ai vu la Reine, j'ai causé avec elle soit à Bucarest dans son salon de musique, soit à Sinaïa à sa table, et l'entretien de l'auteur m'a donné le désir de savoir ce qu'elle a écrit, au rebours de la méthode ordinaire qui fait souhaiter connaître la personne de l'écrivain qu'on a lu.

Carmen Sylva a écrit en allemand, en anglais, en français et en roumain.

Il est aisé en France d'approcher de son œuvre et de son âme, même si l'on ne parle que le français. Outre les ouvrages qu'elle a composés dans notre langue, la plupart ont été traduits, et si cet écran de la translation nous voile un peu le charme de ses poésies, comme il arrive toujours, du moins ses nouvelles et ses méditations nous sont parvenues ainsi avec une fidélité suffisante pour nous en révéler le caractère intime.

De bons travaux ont été écrits, aussi en français, sur la vie de la Reine, à présent assez connue pour qu'il n'y ait plus à y revenir.

L'œuvre littéraire n'a pas encore été étudiée d'ensemble, et c'est ce que je voudrais tenter ici. La Reine a soixant sept ans ; elle n'a pas déposé la plume, et garde au doigt « la tache d'encre ineffaçable et chère ». Mais sa carrière littéraire est déjà complète, et il est à prévoir que les œuvres nouvelles ne modifieront pas sensiblement le jugement qu'on peut déjà porter.

J'étudierai l'œuvre de Carmen Sylva dans ses sources d'inspiration (événements de sa vie, et leur contre-coup sur ses états d'âme), et dans les sentiments profonds que sa nature a apportés à sa muse : sa mélancolie particulière et sa bonté.

Elle a cultivé différents genres, quatre en particulier : poésie, philosophie, roman, théâtre (1).

(1) A lire : les Biographies en allemand de Mme Mite Kremnitz (1882), Mme de Stakelberg (1885), M. Schmitz (1889) ; en anglais : Blanche Roosevelt (1891) ; en français :

C'est surtout par le roman et la nouvelle qu'elle est accessible au public français, et qu'elle prend rang pour nous parmi les écrivains à connaître.

Elisabeth de Wied a été successivement princesse de Wied (1843-1869), reine de Roumanie depuis 1869, mère d'une fille adorée (1870) qu'elle perdit au bout de 4 ans à peine (1874).

Son œuvre est le reflet de ces vicissitudes.

L'éducation et les antécédents concourent à dégager et à former les personnalités. Comme le disait justement Legouvé : « De combien de petits affluents n'est pas formé ce que nous appelons notre imagination, notre intelligence, notre âme ? Rien n'est absolument *nôtre*, en nous ; nul n'est tout seul chez lui ; chacun loge une foule de parents, de petits-cousins, d'arrière-grand'tantes, qui vivent en lui et se manifestent par des actes, des pensées, des gestes, qu'il croit siens et qui leur appartiennent. »

L'enfance de Carmen Sylva a eu pour décor

Sergy (1890), Mme W. Monod (1892), Pierre Loti (L'Exilée 1893), G. Bengesco (1905), les préfaces de Félix Salles (1886), Jules Brun (1893), Edm. Haraucourt (1908) ; G. Bengesco, *Œuvres choisies*, trad. française, 1908, et sa *Bibliographie* de Carmen Silva (1904). Elle donne, des œuvres et traductions en français, une liste complète à laquelle il convient d'ajouter les ouvrages parus depuis : *Mein Penatenwinkel*, Mémoires et Souvenirs édités en 1908 à Francfort, au profit de la *Vatra Luminoasa*, œuvre d'assistance aux aveugles fondée par la reine, et *Amour chaste*, drame en cinq actes joué en 1908 au Hofbürg-Theater de Vienne.

le paysage romantique de Neuwied, dans la partie la plus pittoresque du cours du Rhin, celle que les touristes sillonnent chaque été en bateau, entre Coblentz et Cologne, près d'Ehrenbreitstein et des fameux burgs rhénans. Mme de Stakelberg a donné de cette résidence princière une longue description à laquelle j'emprunte quelques traits : « Le château est construit sur le sommet avancé d'une des chaînes de collines du Westerwald, et a vue sur le magnifique bassin de Neuwied. Le Rhin contourne la plaine historique où Romains, Allemands et Francs ont combattu. La petite ville de Neuwied, avec son château et son parc s'étend sur la rive droite : en face s'élèvent les maisons de Weissenthurm. Au loin, le Rhin s'élargit. On aperçoit les rochers ardoiseux et les lignes de l'enceinte d'Ehrenbreitstein, et même, par un temps favorable, les maisons et les tours de Coblentz. De petits villages gisent çà et là dans la plaine, dans l'ombre des forêts. Voici Segendorf, puis Niederbiber, avec son antique église romane, bâtie sur des fondements romains, plus loin Oberbiber, sur la hauteur : les ruines de Braunsberg. Au milieu serpente la Wied qui coule avec de nombreux méandres vers le Rhin. Tout autour l'horizon est formé par deux chaînes de montagnes : à l'est les hautes crêtes du Westerwald, au sud les collines adossées au Taunus, puis le

Hundsrück. Là où les chaînes élevées s'abaissent l'une vers l'autre, on devine la vallée de la Moselle; à l'ouest se dressent les pics volcaniques du Maifeld et de la Eifel. Partout on rencontre des souvenirs historiques : le paysage, animé et varié, est admirable. »

Née en 1843, la princesse Elisabeth, la future Carmen Sylva, grandit là entre une mère austère et un père laborieux, prés de ses frères qu'elle aima tendrement, — elle a écrit dans *Es ist vollbracht* une touchante *Vie de mon frère Othon*, mort à 12 ans (1862).

Le Rhin, ses collines, ses burgs, ses forêts, les coins romantiques du parc de Monrepos, « la nuée qui baise le vieil arbre », « la vague qui danse sur le sable,» le vent qui fait frémir la branche comme une lyre d'or, ont tout d'abord enchanté cette jeune âme poétique.

Elle eut le don, et son astre en naissant la forma poète.

Cette vocation fut favorisée par deux circonstances. La princesse avait un tempérament fougueux, pétulant, actif, exubérant, sa piété était enthousiaste, ses études ferventes, sa nature impétueuse, son imagination débordante et mystique. On l'appelait *Tourbillon*. Elle ne pouvait souffrir de demeurer à ne rien faire ou qu'on demeurât oisif autour d'elle. A vingt-quatre ans, de Naples, elle écrivait à sa mère ces confidences qui nous livrent le secret de son caractère: « La mer est verte et grise ; à la blanche crête des vagues semble luire du phosphore. C'est un monde sauvage, et un sauvage mugissement autour de nous! Soit donc ! je voudrais seulement courir dans la tempête, m'exposer toute seule à sa fureur et jeter aux vagues une chanson sauvage, que personne n'entendît, que personne ne surprît, qui restât toute à moi, quoique chantée à voix haute. Et ensuite je rentrerais aussi douce qu'un agneau et je n'entendrais plus la tempête. Mais le voile de nuées se replie, une lumière rougeêtre se répand calme et douce sur l'écume et les vagues. Elle s'étend de plus en plus, de l'horizon jusqu'à mes pieds, éclairant, calmant, et apportant aussi à mon cœur, à travers l'ouragan, de joyeuses pensées. Si mon cœur apprenait à être tranquille, il dominerait, lui aussi, la tempête. »

La poésie fut pour elle, dans sa jeunesse, une « soupape de sûreté. » Elle fut de bonne heure aussi, ce qu'elle demeura pour elle toute la vie, une consolation.

Sa jeunesse auprès d'une mère sévère ne connut pas le sourire ni les rayons de la gaieté. Son enfance fut attristé par les rudesses, parfois les brutalités d'institutrices maladroites. Comme la margrave de Bayreuth eut à souffrir de sa gouvernante, l'abominable Letti, aussi la princesse de Wied fut humiliée, maltraitée par une méchante Irlandaise qui la garrottait dans un sac, et l'exposait ainsi à la risée des familiers du palais.

La reine ayant revu, quarante ans plus tard, celle qui lui avait infligé cette humiliation, lui dit à brûle-pourpoint, devant sa mère la princesse de Wied, surprise de l'accueil réservé que la souveraine faisait à son ancienne gouvernante : « Madame, vous souvient-il encore du sac ? » L'institutrice devint blême de confusion.

« J'eus, dit-elle, une éducation spartiate. »

Il y a des impressions personnelles et des souvenirs dans la nouvelle des *Handzeichnungen* intitulée *Schlimme Geschichte*, où la petite Hedi doit aller se coucher à trois heures de l'après-midi, pour n'avoir pas fini sa page d'écriture, et passe par toutes les angoisses dans la solitude où on la laisse, en voyant venir le soir, l'obscurité s'étendre, la rue s'éclairer : « Tous les soirs il lui semblait que les meubles se mettaient en mouvement et marchaient sur elle. Ces imaginations la hantaient encore plus aujourd'hui. Tout entrait en branle et il lui paraissait que l'armoire était déjà à ses côtés. Hedi se cacha sous sa couverture. Son cœur battait, ses oreilles bourdonnaient, elle croyait entendre quelque chose grincer et glisser autour de son lit. Elle était toute moite de peur ; c'était affreux ! Elle préféra mettre la tête dehors pour ne plus entendre tous ces horribles bruits. L'obscurité devenait de plus en plus épaisse : tout paraissait plus grand, tout avait des formes étranges ; des objets familiers, un peignoir, une robe, une chaise, prenaient un autre aspect et se mettaient en mouvement. Hédi regardait fixement, et plus ses yeux demeuraient immobiles, plus les visions fantastiques se multipliaient devant elle. Enfin, il fit nuit, et à force de vouloir pénétrer fixement l'obscurité, il lui sembla que les étoiles glissaient et étincelaient sous ses yeux. Elle eut d'abord peur, puis elle prit plaisir à ce spectacle, et elle tint ses regards ainsi rivés jusqu'à ce que les yeux lui firent mal. — Elle avait envie de pleurer, mais Hédi ne pleurait jamais. »

Les gronderies la bouleversaient ; elle s'imaginait que nul ne l'aimerait plus, et elle ne croyait pas au pardon. — Renfermée et repliée sur elle-même, elle ne pouvait se confier à personne, non pas même à sa mère : et ce fut la Muse, qui dès l'âge de dix ans, eut ses confidences.

Il en fut ainsi durant toute sa vie. Gœthe disait :

— Quand j'ai un chagrin, j'en fais un sonnet.

Carmen Sylva eut la poésie pour refuge contre les tristesses, les deuils, les rancœurs, les calomnies. — Elle écrivit pour elle-même jusqu'au jour où Kotzebüe et Alecsandri lui persuadèrent qu'elle composait des poèmes dignes de l'audience du public. Qu'ils soient remerciés pour ce bon conseil.

Elle avait de qui tenir. Sa grand-mère Wilhelmine était versée dans l'étude des poètes de toutes langues, traduisait Gellert en français, correspondait avec Wieland et écrivait des psaumes.

Une autre aïeule, la princesse Charlotte, était musicienne, peintre et poète : on connait d'elle un recueil poétique *Lieder einer Einsamen* (Chants d'une Solitaire).

Plus encore, le goût, l'amour, le sens de la nature étaient dans le sang de cette famille. — L'oncle Maximilien fut un célèbre explorateur et fit en Amérique des missions scientifiques dont les rapports illustrés par Schirmer sont de bons traités d'histoire naturelle ; la faune et la flore des tropiques y sont savamment étudiées. — Il baptisa du nom de *Neuwiedie* une orchidiacée qu'il a découverte. Une toile le représente au sein des forêts vierges, col ouvert, redingote boutonnée, chapeau haut à plume, tenent d'une main son fusil et de l'autre un aigle qu'il a abattu. A côté de lui, un nègre à demi-nu, à qui il a sauvé la vie, porte des zagaies. Des aloès et des dattiers encadrent le décor, qui nous transporte loin des cités, au sein de cette grande nature aimée et comprise par les Wied.

Carmen Sylva eut un véritable culte pour Leconte

de Lisle, dont les grandioses paysages des Andes ravissaient en extase la nièce du conquistador des forêts vierges, Maximilien, et à relire *Le Sommeil du Condor*, elle se rappelait les belles collections des Andes et des Cordillières que l'oncle avaient rapportées et disposées dans une salle du château de Neuwied. Aussi une sympathie confiante unissait Leconte de Lisle et Carmen Sylva. — Mme Leconte de Lisle possède, et a eu la bonne grâce de me communiquer des lettres touchantes écrites au poète par la reine au moment le plus terrible de sa vie, quand son peuple la calomnia ; elles sont d'une émotion poignante.

Dès 1887, la Reine adressait au poète cette lettre inédite qui fait autant d'honneur à l'un qu'à l'autre.

Bucarest, ce 24 Novembre 1887.

Monsieur,

Ce n'est que bien timidement que j'ose m'adresser à un maître ! et cependant, c'est presque un besoin de vous remercier pour les jouissances que vous m'avez données. J'ai chargé Monsieur Scheffer de vous dire tout cela beaucoup mieux de vive voix ! Il me fait souvent la lecture de vos vers de marbre, de vos tableaux homériques, et tout en nous sentant tout petits devant vous, cela nous exalte de pouvoir aspirer à la perfection ! Le grand mérite du parfaitement beau, c'est de réveiller des sources jusque dans le rocher aride ; l'humanité tout entière prend part à une, grande œuvre. Voilà la preuve que « l'absolument beau » existe. Il existe même dans la nature ; seulement il y a des yeux malheureusement construits, incapables de l'apercevoir ; et quand ces yeux-là sont secondés par une bouche éloquente et une plume puissante, c'est un malheur pour l'humanité. Je me demande souvent si les poètes ne peuvent être que l'écho de leur temps, ou s'ils pourraient être la colonne de feu, conduisant hors du désert ?

« Si jamais je viens à Paris, je serai heureuse de faire votre connaissance, et ce n'est pas plus impossible que les autres choses de ce monde ! »

ELISABETH.

Leconte de Lisle aima et lut les poésies de sa royale amie ; il en a traduit une : nous devons à l'obligeance de Mme Leconte de Lisle de pouvoir publier ici cette traduction inédite par l'aède des *Elfes*, du *Démon* de Carmen Sylva :

LE DÉMON

Ecoute ! Tu espères les joies du Ciel, tu t'épouvantes des tourments de l'Enfer, c'est moi qui suis le Ciel et l'Enfer : je fais resplendir dans tes yeux les apparitions paradisiaques du Beau, j'éveille dans ton cœur l'amer désir du Mal, je suscite dans ta cervelle les visions confuses de la démence.

C'est par moi que tu penses, que tu rêves, que tu agis, que tu aimes, que tu hais, que tu gémis, que tu blasphèmes.

C'est moi qui multiplie tes douleurs et qui les raille, qui excite les espérances et qui les rend vaines, qui te pousse aux révoltes furieuses et qui les dompte.

Tu n'es qu'un esclave, le plus vil, ton propre esclave. Et je te raillerai, et je te châtierai, et je t'écraserai jusqu'à l'heure où, vaincu, désespérément humilié, tu lèveras, dans un recueillement pieux, tes misérables mains vers moi, le Saint, le Grand, l'Unique ! vers moi qui suis ta Destinée inéluctable, qui suis toi-même ; vers moi qui crée éternellement et qui demeure inépuisable, qui suis la farouche, la libre, l'irrésistible Force de la Nature.

CARMEN SYLVA.

(Traduit par Leconte de Lisle).

La Reine remercia son traducteur par ce billet au crayon dont je supprime quelques passages d'un caractère trop intime :

A Leconte de Lisle.

Mon Cher Maître !

Dans un journal dans lequel j'ai été maltraitée...
·············· paraît soudain votre cher nom signant
mon démon !! C'était comme le lever du soleil
sur ces hautes cimes, tandis que les vallées sont
encore plongées dans les ombres de la nuit !
Merci ! Merci ! et cette splendide traduction !
C'est ma première joie dans deux mois d'enfer !
Trop malade pour écrire.

ELISABETH.

La poésie n'attirait pas seule Carmen Sylva,
très portée aussi vers la philosophie et la méditation. Ses *Entretiens de l'Ame* (*Seelen Gespraeche*)
sont d'une noble et haute pensée.

Le poème *Jehovah* (inspiré de l'*Ahasvérus*
d'Edgard Quinet, qui épousa une roumaine), —
où le juif légendaire cherche Dieu au seuil des
pylônes d'Egypte, dans les sanctuaires de l'Inde,
dans les mosquées de Mahomet, à travers tous les
cultes, tous les dévouements, tous les périls, de
l'amour à la royauté et à l'art, et ne le reconnaît
que dans le bonheur d'un couple amant et heureux ;
— les *Geflüsterte Worte* (*Paroles murmurées* ;
les pages sur l'Ame ont de l'élévation et de la pé-

nétration) sont des œuvres philosophiques où se reconnaît la pensée forte de la race : un Hermann de Wied fut ami et partenaire de Mélanchton. Le père de Carmen Sylva était un savant, un philosophe épris de métaphysique ; il a laissé un ouvrage sur la vie inconsciente de l'esprit *Das unbewüste Geistesleben*. Sa fille a fait de bonne heure les lectures les plus solides: Ranke, Nietzsche, et a entendu chez elle la conversation des meilleurs esprits, Arndt, de Bunsen, Jacobs Bernays, Helmholtz.

Il y paraît. Une belle philosophie inspire l'ouvrage par lequel sa réputation a d'abord pénétré en France : *Les Pensées d'une Reine*, petit livre charmant et noble qui doit être le livre de chevet des Sages. — On peut détacher et épingler quelques-unes de ces fleurettes pensives, nourries du suc de l'expérience et de la mélancolie, toutes parfumées de bonté, de grave réflexion et de clairvoyance :

— Les cheveux blancs sont les pointes d'écume qui couvrent la mer après la tempête.

— Il y a des parents qui se vengent sur leurs enfants de la mauvaise éducation qu'ils leur ont donnée.

— Dieu pardonne, la Nature jamais.

— Quand un homme aime avec excès de passion ses enfants, soyez sûr qu'il n'est pas heureux.

— La femme du monde reste difficilement la femme de son mari.

— La bêtise se met au premier rang pour être vue ; l'intelligence se met en arrière pour voir.

— La contradiction anime la conversation, voilà pourquoi les Cours sont si ennuyeuses.

— Il n'y a qu'un bonheur : le Devoir ; il n'y a qu'une consolation : le Travail ; il n'y a qu'une jouissance : le Beau. »

La reine, sur les conseils de l'amitié, fit tenir son ouvrage au Secrétaire Perpétuel de l'Académie Française, Camille Doucet, un esprit fin et de nature à sentir la saveur de ce florilège. Une lettre accompagnait l'envoi. — Mme René Brice m'a obligeamment communiqué cette missive inédite de son père ; je me fais un plaisir de vous la donner à lire :

Sinaïa, ce 21 octobre 1887.

Monsieur,

Je me trouve bien audacieuse en osant vous prier de jeter un regard sur mon petit volume de pensées qui va paraître. Elles n'ont d'autre mérite que celui d'être pensées, senties et écrites sous les impressions très réelles, souvent très douloureuses, comme la vie de la femme et sa vie sur le trône les amène nécessairement.

Je suis doublement craintive, non que j'aie peur d'une critique, qui ne saurait être trop sévère, mais parce que je redoute la courtoisie française pour mon sexe. Le bon accueil qu'on m'a fait dans votre beau pays et dont je suis bien reconnaissante, ne m'empêche pas d'être toujours timide en me servant de votre langue de bronze, quoiqu'elle seule entre toutes les langues ait la clarté et la concision nécessaires à des aphorismes.

Je vous prie donc d'oublier ma personne, de ne regarder que l'œuvre en la prenant sous votre protection si elle a bien le droit d'élever sa petite voix parmi les voix sonores de vos penseurs admirables.

Je vous remercie de tout cœur, Monsieur, pour la peine que je vous donne.

ELISABETH.

L'Académie Française décerna aux *Pensées d'une Reine* un de ses nouveaux prix, le prix Botta (1888) avec une médaille d'honneur. Voici en quels termes choisis et charmants Camille Doucet l'annonça dans son rapport :

« Ce prix ne pouvait être inauguré dans des conditions plus favorables, plusieurs ouvrages composés par des femmes s'étant fort à propos présentés à ce concours, comme si l'Académie les y eût spécialement conviés. L'un d'eux mérite à coup sûr une mention particulière. Intitulé : *Pensées d'une Reine*, il venait à nous sans bruit comme tous les autres, signé d'un nom charmant mais modeste, qui voulait nous dissimuler sa véritable origine : Carmen Sylva ! Ce faux nom, déjà très célèbre, à Paris comme à Bucarest, personne ne l'ignorait.

« Ces pensées étaient bien les *Pensées d'une Reine*, d'une Reine amie des lettres et des arts, philosophe et poète ; femme avant tout, qui semble parler d'elle-même quand elle dit : « Il y a des femmes majestueusement pures comme le cygne ; froissez-les ; vous verrez leurs plumes se hérisser pendant une seconde ; puis elles se détourneront silencieusement pour se réfugier dans les flots. »

« Que votre Majesté ne se détourne pas, Madame, et que vos plumes blanches ne craignent pas d'être froissées.

« Ce qu'elles ont écrit avec tant de grâce, ce que votre aimable esprit leur a dicté si délicatement a reçu de l'Académie l'accueil que la Reine ne réclamait pas, mais que méritait l'auteur pour la noblesse de ses sentiments, comme pour la distinction de son style, d'une finesse et d'une élégance toute françaises.

« Une médaille d'honneur, une grande médaille d'or est décernée par l'Académie aux *Pensées d'une Reine*. »

Carmen Sylva remercia par cette lettre inédite que Mme René Brice a bien voulu me permettre de copier dans l'exemplaire des *Pensées* où elle est reliée :

A Monsieur Camille Doucet

Sinaïa, le 7 juillet 1888.

Monsieur,

Il me paraît difficile d'exprimer à l'Académie Française toute la joie que m'a procurée la splendide médaille portant mon nom.

Mon pauvre petit livre ne méritait pas pareille fête, et je me sens plutôt émue que fière du témoignage de sympathie de la part de l'Académie, qui, ce me semble, a voulu reconnaître la lutte de la pensée dans ceux qui sont placés aux avant-postes de la civilisation.

Si toutes les audaces étaient ainsi récompensées, que de héros sur le champ d'honneur des arts et des lettres !

Notre seul mérite, à nous autres roumains, c'est d'aimer et d'admirer bien sincèrement la France, et de nous nourrir avec avidité de ses produits intellectuels.

Aussi la couronne verte qui me vient de votre beau pays est-elle la plus lumineuse aux yeux du nôtre. Je tâcherai de la mériter

ELISABETH.

Un exemplaire des *Pensées d'une Reine*, accompagnait cette lettre : il portait sur sa première page la dédicace suivante :

Pour Monsieur Doucet.

Peut-être elles n'en valent pas la peine, — elles ne sont que le petit filet d'eau, sortant du grand lac, profond, silencieux et caché,

CARMEN SYLVA.

Cette récompense académique convenait à cette reine si puissamment attirée vers les bienfaits de l'intelligence, de la pensée, de la beauté.

Elle était jeune encore, et déjà l'art sous toutes ses formes la séduisait, l'exaltait. Son âme impressionnable était sensible à toutes les expressions de la beauté, par la plume, le pinceau ou la musique. Ce n'est pas le lieu ici de parler de ses miniatures gothiques (comme l'*Evangéliaire* de Curtea de Argesh), de ses aquarelles, de ses vendredis musicaux, mais c'est mieux la comprendre que d'entendre l'émoi de son cœur devant les œuvres d'art : « L'art, a-t-elle dit, est une prière sensible. » Quand sa tante, la Grande-Duchesse Hélène l'emmena à Saint-Pétersbourg, elle traduisait l'émotion profonde que lui causait le génie de Rubinstein par ces impressions enthousiastes : « C'était comme si le piano disparaissait sous cette puissance, puis on eût dit une musique des sphères ou une vaporeuse légende. Il y a dans son jeu, une tendresse et une poésie vraiment ravissantes. Tel est le génie, qu'une force et une virtuosité prodigieuses ne paraissent que secondaires, ou bien sont si imposantes qu'on en est comme écrasé et que pourtant on voudrait en bondir de plaisir. Je n'ai jamais rien entendu de pareil. Son jeu a une émotion enchanteresse, quelque chose comme la vapeur bleue sur les raisins ou la rosée sur les fleurs, qui leur donne une double beauté. »

Son génie allemand fut influencé, je veux vous dire dans quel sens et dans quelle mesure, par le séjour en Roumanie, où elle entra en 1869, pour régner sur un peuple fier de sa récente indépendance.

Elle fut d'abord enthousiasmée par le paysage d'un romantisme âpre et sauvage, les bords du Danube, les Carpathes ; Bucarest et les villes l'intéressèrent moins que Sinaïa, Curtea de Argesh, les monastères dans les monts, les légendes des forêts et des cimes, les sites impressionnants qui fournirent une belle matière à son imagination éprise des beautés grandioses de la nature. La Fille du Rhin se grandit à la taille d'une Fille du Danube et des Bucegi. Pour n'en citer à présent qu'un exemple : c'est une belle méditation que ce passage d'*Un Enterrement aux Carpathes* : « Les bergers commençaient à conduire leurs troupeaux dans les pâturages de la montagne ; ils poussaient d'interminables caravanes de moutons, avec les agnelets cherchant les mamelles des brebis, et les mâtins en serre-file. Et les jeunes pâtres, aux yeux noirs comme la mûre des haies, aux cheveux sombres comme l'aile des corbeaux tombant en boucles drues de dessous leur bonnet fourré, laissaient errer dans le vague leurs regards rêveurs, désintéressés, comme absents du monde qui s'agite à leurs pieds.

« Ceux qui gouvernent là-bas, ceux qui luttent, se querellent, souffrent et se plaignent en quête du bonheur ; ceux qui se réjouissent, aiment et exultent dans le triomphe du succès, tous leur sont également indifférents. Contents de vivre et de se laisser vivre, à peine prennent-ils garde aux musiques des vents à travers les ramures, aux vibrations harmonieuses des sapins sous les brises. Ils ignorent même que les hommes des cités admirent la rose-des-Alpes, que les femmes élégantes parent leur sein d'un bouquet d'edelweiss. Ces fleurs de neige que leur envie la plaine, ils les foulent d'un pied distrait, en jetant leur refrain d'une montagne à l'autre dans le libre azur. Heureux, heureux bergers, le souci morose ne gravit pas les hautes cimes ; il descend les vallées et va broyer le cœur des humains dans les étroites demeures des villes et des bourgades. »

Que doit cette fille du Rhin à la Roumanie ? Elle lui doit beaucoup, et réciproquement.

Elle avait eu une institutrice, Mlle Castan, qui connaissait le pays et lui avait décrit les sites romantiques des Carpathes. Elle avait, toute jeune, connu des Roumains, les frères Stourdza, étudiants à Bonn ; depuis, Demetr Stourdza est devenu le chef du parti libéral. Elle causait avec eux de leur pays. Elle s'intéressait à l'histoire de la Moldo-Valachie, parce que dans ce pays, il y avait beaucoup d'activité à dépenser. Elle accepta avec joie et le prince Carol et sa principauté.

Elle a raconté avec une émotion riante son arrivée dans son pays d'adoption, qu'elle allait étudier, consoler aux heures douloureuses, et à qui elle dut des inspirations nouvelles et heureuses.

La France a eu sa part dans cette rencontre et dans cette intimité.

A Neuwied, elle avait appris à aimer le français ; pendant la Révolution de 1793, cette ville avait été le rendez-vous des nombreux émigrés qui y avaient installé une imprimerie d'où sont sortis beaucoup d'ouvrages imprimés en langue française. Frédéric-Charles avait eu un de nos compatriotes pour confident et ami intime ; Carmen Sylva était venue plusieurs fois à Paris. A dix ans, elle y séjourna quelque temps avec les siens, elle habitait un joli hôtel au coin de la rue de Berry et des Champs-Elysées. Elle y revint pour l'Exposition Universelle de 1867.

A son arrivée en Roumanie, elle fut frappée par la différence qui sépare les paysans des gens de la société, parmi lesquels l'élégance et la culture sont du meilleur aloi. « Les hommes avaient l'air français » dit-elle. La connaissance de la langue et de la littérature française la mit en contact immédiat et direct avec une société qui lui serait devenue moins aisément familière sans cet élément commun. Elle sentit que c'était par la France qu'elle comprendrait la sœur cadette de celle-ci, la Roumanie dont elle adopta le costume national pendant ses séjours dans les Carpathes.

Qu'allait devenir cette fille du Rhin sur les bords du bas Danube ? cette Saxonne parmi des Latins, petits-fils éternellement fidèles des Romains de Trajan ?

Le résultat fut intéressant. Sa nature poétique et romantique d'allemande se plut aux beaux spectacles des couchers de soleil sur le Danube « chemin sans poussière » et dans les ombres des montagnes boisées, des monastères fortifiés, des gorges sauvages et des rocs neigeux.

Sa bonté native se répandit en douces effusions

qui la penchèrent vers les blessés de Plevna et de Calafat pendant la guerre de 1877, puis après vers les malheureux, au bonheur desquels elle s'est consacrée par des œuvres de tous genres, où l'assistance est pratiquée avec une ingénieuse perspicacité et une inépuisable charité.

La poétesse lut, dévora, fit siennes les nombreuses légendes de ce pays où voltigent tous les génies de l'Orient, et elle ne fut pas dépaysée dans ce monde fantatisque, car elle avait grandi parmi les Sagas rhénanes.

Mais, plus au fond, comment allait se résoudre l'antagonisme irréductible des deux races, la Saxonne et la Latine, qui à présent se croisaient et se choquaient dans cette âme sensible ? Il fallait une fusion de ces deux é'éments disparates, sous peine de luttes intimes qui l'eussent endolorie et déchirée par un surcroît pénible de souffrances.

Il n'en fut rien. Carmen Sylva avait déjà approché la race latine par la France, dont elle lisait et traduisait les œuvres : on sait avec quel pieux enthousiasme elle a traduit en allemand les trois volumes des *Deux Masques*, de Paul de Saint-Victor ; *Pêcheur d'Islande*, de Pierre Loti et un grand nombre de poésies françaises.

Elle était préparée à une assimilation plus complète, et sa généreuse nature a fait le reste. Allemande de naissance et d'éducation, Roumaine par option, elle conçut le rêve impossible d'une réconciliation, dont son cœur royal fut le théâtre, entre les latins et les germains (lire *Feldpost*), et elle aboutit à la persuasion que la race latine et la race germaine « sont faites pour se compléter l'une l'autre », puisqu'elle en avait fait l'épreuve en elle-même, et apporté la preuve aux hommes de bonne volonté. Par là elle se hausse aux belles et nobles utopies de l'apaisement, de la réconciliation, de l'oubli, de la fraternité internationale, et elle écrivit l'avant-propos de sa traduction de *Pêcheur d'Islande* : « S'il m'était donné de pouvoir réconforter par ce petit poème le cœur des lecteurs, comme mon propre cœur a été réconforté par la grandeur biblique et la réalité saisissante de ce récit; si le mot brutal d'*ennemi héréditaire* pouvait être remplacé dans quelques bouches allemandes par cette belle expression : *pays de frères*, alors mon travail aura été facile et ne m'aura donné que joie ».

Ainsi Carmen Sylva a été amenée par l'immense bonté à exprimer sur le trône les doctrines, on pourrait presque dire révolutionnaires : du *pacifisme*, par sa haine de la guerre dont elle a vu et détesté les horreurs (*Calafat — Halte ! Qui vive ? — Pablo Domenech*, etc.....), du *socialisme* par sa charité, et, par sa vie saxo-latine, de l'*internationalisme*.

13.

*
* *

Un sentiment chez elle a dominé tout le reste : l'amour maternel, et quand sa fille fut morte, elle adopta son peuple et fut pour lui la mère la plus tendre.

L'instinct maternel se manifesta en elle de bonne heure. A trois ans, à la Cour de Berlin, elle jouait avec des coussins qui étaient ses « enfants ». La Reine de Prusse posa le pied sur un pouf, et la petite princesse lui cria :

— « Je te défends de marcher sur mon enfant ! »

Ce fut une époque de joie, celle où naquit le 8 septembre (27 août nouveau style) 1870, la petite princesse Marie de Roumanie, au château de Cotroceni, près Bucarest, au milieu d'un parc ombreux et fleuri, devant un large panorama de forêts.

A un an, elle villégiatura à Sinaïa, où sa grand-mère maternelle, la princesse Marie de Wied, vint la voir. — Quand elle fut repartie, la reine, sa fille, lui écrivait : « L'enfant est devenue ravissante....... Elle est la première à se désoler des petites fautes qu'elle commet et il faut la consoler. Dès qu'on fait appel à son bon cœur, tout entêtement et tout dépit disparaissent..... Ses yeux bleus ont un regard profond et pénétrant.

Quelles pensées s'agiteront un jour sous ce front bombé qui semble tant promettre ? »

Hélas ! les promesses ne furent jamais tenues, la mort a fauché la fleur en bouton.

Un trait particulier est frappant chez cette petite princesse née de parents allemands et élevée en Roumanie. Le pouvoir de l'éducation, du milieu, de l'ambiance, des premières fréquentations est tel chez l'enfant, qu'il lui fait sa patrie. La petite Marie avait des amitiés, des relations roumaines ; elle grandissait parmi les mœurs de ce pays, elle en voyait et en aimait les costumes colorés. Quand elle fut menée chez sa grand-mère maternelle, à Monrepos, en Allemagne, elle eut la sensation d'être dépaysée et transplantée. Elle connut le mal du pays et voulut revenir vite à Bucarest. « A la maison ! à la maison ! disait-elle, vite ! avec huit chevaux ! » Ainsi la fille ne partage pas la joie de sa mère qui revoit le pays de son enfance ; ce sont deux générations, et un monde les sépare. La petite Marie, si elle eut vécu, eut été la première Roumaine de la dynastie.

Le retour à Bucarest, si vivement souhaité, fut la marche vers la mort qui guettait la gentille revenante. De Sinaïa, on n'osa pas avancer plus avant. La reine écrivait à la princesse-mère : « A Bucarest, l'état sanitaire est si mauvais que j'y descendrai avec anxiété. Le typhus et l'angine font ravage. La diphtérie a attaqué une foule d'enfants. Ils meurent en quelques heures. »

Dans son agenda intime, elle notait par un sens inquiet de la Nemésis : « Ma vie est très riche et très belle. Je n'aurais pu me l'imaginer, ni me la désirer plus belle. Aussi dois-je l'acheter par un sacrifice. » (19 décembre 1873).

Cette peur était comme un pressentiment. En février (1874) elle confie à son journal cette réflexion anxieuse : « Il meurt beaucoup d'enfants par la diphtérie et la rougeole. Nous autres mères, quand nous nous rencontrons, nous nous demandons aussitôt: «Vos enfants sont-ils bien portants? »

Il a fallu rentrer en ville. Le printemps vient. L'angoisse diminuait avec l'épidémie.

Le 5 avril, dimanche des Rameaux, la petite princesse fut touchée par la fièvre scarlatine. Quatre jours après, le Jeudi Saint, elle mourut, en demandant à boire :

— « A boire, de l'eau du Pelesch ! »

Sa mère était à genoux devant elle et tenait ses petites mains. Elle assista à ce désastre de ses affections et de ses joies. Elle ferma elle-même les jolis yeux bleus de son enfant, et sans une larme, sans une plainte, elle remercia les médecins pour leurs soins, droite et raidie. Elle disait :

— « Dieu a encore aimé mon enfant plus que moi, car il l'a prise auprès de lui. »

Si quelque chose put alléger cette immense douleur et celle du roi, ce fut la foi d'abord, et l'émotion attendrie de tout le peuple roumain si sensible et si prompt à la sympathie profonde.

Les lettres de la reine à sa mère ont alors une poésie douloureuse et une vraie beauté : « Dieu l'a rappelée à lui. Grâces lui soient rendues pour le saint bonheur que j'ai goûté. J'aimerais mieux comme Niobé devenir un rocher pleurant que de n'avoir jamais été mère ! C'était trop de bonheur..... Mon amour est plus fort que la tombe, je me réjouis de la félicité que goûte à présent mon enfant..... Et puis elle est à moi pour toute l'éternité. Je n'ai pas déposé ma haute dignité de mère parce que mon enfant a été séparée de moi..... Quoiqu'il l'ôte de devant mes yeux, il ne peut plus rien m'enlever de ses célestes dons, car il me reste la mémoire ! »

Comme les *Consolations* d'un Sénèque ou d'un Atticus sont froides auprès de cette vaillance d'une mère qui puise elle-même son réconfort dans sa foi !

En Roumanie, la croyance populaire est que le Paradis, le Jeudi Saint, reste ouvert toute la journée. Ceux qui meurent ce jour-là y entrent tout droit. Le peuple connut ainsi que sa Reine était une femme élue, sa fille ayant eu cette grâce de s'éteindre un Jeudi Saint.

Et il couvrit de fleurs la petite tombe de Cro-
troceni.

La reine en était émue : « Il est beau d'être venue dans un pays où les morts sont honorés d'un
tel culte. »

A sa fille vivante elle avait dédié de jolis vers :
« Le rayon brillant du soleil se joue sur la terre,
et sa lumière poudroyante se teint de vaporeuses
couleurs. Combien de fois te baignant dans leur
éclat es-tu restée souriante en baisant la gerbe
dorée ! Jamais alors, je ne savais si les ondes
enflammées venaient de toi ou de lui, si le soleil
en se jouant t'avait filé d'un de ses rayons, et puis
d'en haut t'avait prêtée au monde et à moi. »

Un mois après la mort de son enfant, la mère
confiait à son journal ces quelques vers où elle
exprime le désir presque mystique de revoir sa
fille, ce *Sehnsucht* ardent et triste :

— O qui me rendra tes petits bras, les accents
de ta voix d'une si merveilleuse douceur ! Qui me
rendra ton baiser et ton chant clair d'oiseau !
Qui me rendra les mots d'amour, le pas léger de
tes petits pieds. Qui me rendra tes merveilleux cheveux d'or qui t'auréolaient comme une sainte ?
Mon enfant ! mon enfant ! »

Elle avait crié que Dieu ne pouvait lui enlever
toute son enfant, puisqu'il lui restait la mémoire.
Quinze ans après, elle traduisit les chants popu-

laires de la Dimbovitza : c'est la petite rivière qui arrose Bucarest et Cotroceni, et à qui elle avait dit, deux mois après la mort :

— Dimbovitza ! Dimbovitza ! Attachée à toi je ne peux plus m'en aller ! Elle est couchée près de tes rives verdoyantes, l'enfant que j'ai bercée dans mes bras !

Elle dédia en 1889 « *A Mon Enfant* » — une vraie Roumaine, déjà ! — son adaptation des légendes de Roumanie. Dans cette dédicace, le souvenir est si récent, si frais, si vibrant, qu'il semble être celui d'une mort récente. La simplicité en est touchante et douce :

> « Tu l'as trop aimée cette terre,
> Et elle t'a prise dans son sein.....
> Et depuis des années je demeure auprès de ta tombe,
> Mais ta tombe ne répond pas !.....
> Je songe à toi et il me semble que j'ai arraché
> Le glaive enfoncé dans mon cœur.
> Il me semble que le sang coule
> Et tu n'es plus là   [miens ! »
> Avec tes grands yeux célestes qui plongeaient dans les

Alors la mère se rappelle et versifie toutes les jolies phrases de la fillette quand elle saluait le soleil, battait des mains, et baisait ses rayons :

> Et le soir nous restions auprès de la fenêtre
> Et nous voyions les voitures par centaines passer avec
> [leurs lumières,

Et tu disais : Regarde, mère, vois toutes ces étoiles
Et les chevaux courent parmi les étoiles.

Elle évoque aussi le voyage en Allemagne, et la
hâte qu'avait la petite de rentrer en Roumanie :

Car ma patrie n'était pas ta patrie.

Puis vint l'hiver, et l'horrible mal :

Ton cher visage s'affina
Tes yeux devinrent grands et tristes
Et tu disais : « Est-ce que la gelée
Descendra des étoiles où le bon Dieu demeure
Pour me glacer ?
Oh non ! ne me mettez pas dans le petit lit,   [plus !
Car alors je m'y endormirais et je ne me réveillerais
Donnez-moi de l'eau du Pelesh !
De l'eau fraîche, de l'eau bonne, de l'eau claire !

Alors, cette poétique allusion au dernier mot de
la mourante : — All is finished !

Tu murmuras dans la dernière nuit :
Fini, tout est fini !
Mettez-moi dans la belle voiture
Où ceux qui dorment deviennent bien portants !
Mettez-moi dans la belle voiture à dormir sous les anges
                                                        [d'or.

Et voilà que le sein de la terre s'est entr'ouvert,
et de la poussière sacrée de la fillette ont fleuri les
chansons de cette terre qu'elle aimait : et pour

cela Carmen Sylva a écouté les légendes de la Dimbovitza et les contes du Pelesch.

Mais comme quinze ans ont eu peu de prise sur cette douleur et cette mémoire, aussi fraîche qu'au jour même du deuil !

Il faut lire dans les *Noëls d'une Reine* les poignants regrets de la mère inconsolable quand la Noël revient périodiquement rappeler les courts instants, où la *Weihnacht* fut fêtée si joyeusement par la petite Marie, que ses amis poussaient dans une légère voiture à l'ombre du *Weihnachtbaum* sur le parquet poli, en 1873. Il y a trente ans déjà passés, quand elle écrit ces confidences résignées d'une reine obligée par devoir d'assister aux Noëls des autres.

Le premier Noël fut assombri d'un nuage : dans le calendrier grégorien, toutes les fêtes viennent treize jours plus tard qu'en Occident : « Nous ne pouvions jamais penser que nous célébrions la fête à la même heure que nos bien-aimés de là-bas, mais longtemps après eux, et alors qu'ils l'avaient déjà presque oubliée. »

Qu'était ce souci auprès de la douleur qui la guettait !

— « Les jours que l'on croyait douloureux, on les regrette ensuite comme les meilleurs de la vie lorsqu'on les regarde plus tard au fond du passé..... »

Après la Noël de 1873, la mort éteignit le foyer

et les lumières. Depuis, les Noëls se succèdent, lugubres :

« Et pour ne pas attrister là-bas, autour de leur arbre, nos bien-aimés restés dans la patrie, jamais nous ne leur avons écrit que nous ne fêtions plus cette soirée, jamais nous ne leur avons dit que nous cherchions à oublier cette date, comme si elle était pour toujours rayée du calendrier. »

Elle a continué de porter dans la vie la douceur d'une maternité en quête d'un objet d'amour :

— « Récemment, je berçai sur mon sein, à l'hospice des Dames anglaises, une enfant trouvée, une pauvre petite martyre toujours malade et qui endure de cruelles souffrances ; elle voulait absolument me voir, parce qu'elle avait ressenti une grande consolation à la lecture de la *Vie de mon frère*, et elle m'apporta en présent son plus précieux avoir : une image de sainte Elisabeth. Sa petite tête aux magnifiques yeux sombres au milieu d'un visage aminci et d'une pâleur de cire, a reposé sur ma poitrine, et cela m'a été aussi doux qu'à elle-même. « Quel dommage, a-t-elle dit après, que la Reine ne soit pas ma mère ! Elle aurait été une bonne mère pour moi ! »

Elle a écrit pour les enfants des contes exquis, et il n'est pas de plus pimpant album que *Monsieur Hampelmann* (Polichinelle), avec ses pages en cou-leurs illustrées spirituellement par Lecomte du

Nouy, ornées de lettres gothiques en noir et rouge. Ce livre est peu connu, n'ayant pas été mis dans le commerce. C'est l'histoire touchante d'un pantin qui se détruit pièce à pièce, et ne trouve de paix et de bonheur que dans le paradis des pantins.

Une œuvre charmante porte en particulier le reflet de cette maternité attendrie. C'est un conte féérique, un rêve, le récit de la bonté des génies qui ont permis à la reine de revoir son enfant morte. C'est un délicieux chef-d'œuvre de poésie et de tendresse. *Pelesch im Dienst*, (Le Pelesch en servitude) est un conte pour le prince Henri XXXII de Reuss, qui avait alors (1888) dix ans.

C'est une œuvre d'un charme étrange, puissant, toute embaumée par les senteurs des forêts et la brise des Carpathes, rafraîchie par les embruns des cascatelles et des torrents. Il sort de ces pages des parfums et des visions, on entend le bruissement ou le fracas des rapides, le froissement des feuilles, on sent s'étendre dans l'apaisement fortifiant de la solitude et du silence l'ombre douce des grands arbres sur les herbes hautes et fleuries, et sur les touffes d'orties sournoises. Il y fait frais et calme. De petites feuilles voltigent et tournoient sur le cours du Pelesch ; dans la forêt, une dame de haute stature, auréolée de ses cheveux blancs, vêtue d'une ample robe noire, la coiffure basse, avec un long voile rejeté sur l'épaule, le visage découvert, l'air souriant et bon, les yeux attendris et pleins de rêve, écoute les voix qui passent, et que seuls entendent ceux qui sont nés au son des cloches et qui n'ont point de mauvaise pensée. C'est la poétesse de la forêt, Carmen Sylva, « Carmen das Lied und Silva der Wald », telle qu'elle est représentée sur la poétique vignette dont elle a fait son *Ex libris*.

Rentrée au palais, elle a raconté ses promenades et ses rêveries solitaires avec une poésie délicieuse de fraîcheur, de douceur. C'est le plus joli conte d'enfant qui soit, tant les tableaux de la nature et les pages émues y alternent heureusement.

Ce Pelesch devient un personnage animé et coloré d'une vie remuante, une sorte de bourru bienfaisant, bougon, toujours en colère et en révolte, avec au fond assez de bonté et de philosophie pour se résigner au malheur ; et, pour lui, le fier et indompté torrent, le malheur sera d'être emprisonné dans des tuyaux de plomb pour alimenter la scierie sur les chantiers de construction du Castel Pelesch, et plus tard pour y fournir la lumière électrique.

Le conte est traité dans la manière des légendes allemandes, avec le merveilleux de la mythologie germanique, différent du merveilleux roumain. Il manque une bonne étude sur les épopées roumaines ; mais ce qu'on en connaît permet d'en caractériser les traits essentiels : beaucoup de sorcières, de mauvaises femmes qui symbolisent le vent, la tempête, des chevaux rapides dont l'écurie est une cave profonde et qui se nourrissent de braises ardentes, des conceptions tout orientales, qui rappellent les contes des Arabes, des Turcs, des Persans : des fées, des génies interviennent, les talismans sont monnaie courante, et l'on marche à la lueur des lampes d'Aladin.

Le merveilleux dans *Pelesch im Dienst* ne doit rien à ces imaginations cosmogoniques, et il est tout occidental. Les gnômes du Harz ont excursionné pour la circonstance vers les Carpathes, et les grottes profondes aux lacs d'azur sont habitées par les Filles du Rhin, bien qu'elles se disent Filles du Pelesch.

Le Pelesch est un torrent qui descend du haut des Carpathes pour se jeter dans la Prahova, affluent de la Ialomitza, qui aboutit au Danube. Il devient un ami, ce bon Pelesch qui gambade alerte de jeunesse et écumant de plaisir. Les fées sont ses marraines, car les fées sont les gentilles personnes chargées d'éduquer les torrents, de peindre les fleurs et d'attifer le monde : c'est elles qui font le carmin du bec-de-grue rayé à l'intérieur de petits traits foncés ; le rouge des fraises vient de leurs lèvres, le bleu des myosotis vient de leurs yeux, et l'edelweiss est découpé dans le velours de leur robe, tissée de la neige des monts. Et c'est elles qui font sonner les clochettes des campanules quand un petit enfant vient au monde.

Une fois, elles ont carillonné pour la Reine, les campanules ; et la Reine a trouvé une ravissante princesse. Mais la petite fille aimait trop le Pelesch, elle l'appelait souvent, et le Pelesch est venu et l'a emportée. Elle n'est pas revenue.

— « Et depuis lors, d'année en année, je me suis assise au bord du Pelesch pour l'attendre. Et mes cheveux sont devenus gris tant j'ai attendu !... Ils sont devenus gris, mes cheveux ?..... Erreur, ce n'est qu'un peu de poudre d'edelweiss que les fées ont jetée sur ma tête pour que j'aie l'air gai, car, je les ai bien senties, une à une, me frôler dans leur vol ; et elles répandaient un parfum exquis ; cela fleurait bon la lavande, le thym et la violette, comme si le printemps passait. Mais je ne les ai pas vues, parce que j'ai oublié de lever les yeux, tellement j'étais absorbée à causer avec le Pelesch : « Qu'as-tu fait de mon petit enfant, lui demandais-je, et pourquoi les campanules ne veulent-elles plus sonner pour moi ? »

C'est toujours le souvenir de l'enfant, présent et fort après quatorze ans comme au premier jour.

Le Pelesch lui dit où est la petite Princesse, dans quel Paradis radieux d'où elle ne voudrait pas la rappeler, si elle en avait le pouvoir. Là elle voltige comme un papillon à travers des jardins beaux à miracle, elle boit le miel des roses et dort dans le calice d'un nénuphar épanoui sur un lac, l'onde la balance plus mollement, plus tendrement qu'une mère :

— « Et des flots qui bruissent et clapotent s'élèvent des mélodies inconnues, comme si mille voix d'enfants chantaient ensemble, — mais très bas, très doucement. Et au-dessus de ce concert suave, fait de murmures confus, vibrent les harmonies graves et profondes de la brise dans les arbres, comme si mille lyres et mille harpes invisibles chantaient ensemble, — mais très bas, très doucement aussi. Et à tire d'aile, — car il a des ailes, ton petit enfant — il vole et voyage par les airs, plus haut que les aigles. N'est-ce pas que tu ne veux pas me le réclamer pour le ravoir auprès de toi, même ici, dans cette forêt, où il fait si beau ? » Et à voix très basse, j'ai dit : « Non. »

Le récit épisodique des révoltes du Pelesch contre les architectes du château royal est d'une imagination agréable.

Séduite par le caractère romantique et sauvage du mont Sinaï de Roumanie (Sinaïa), la reine se plaisait à y venir passer l'été. Elle habitait avec le roi dans un pauvre petit couvent qui existe encore, dont les cellules basses encadrent la cour autour de la basse chapelle à coupole octogonale, aux fresques

embrumées par les années et les fumées de l'encens
et des cierges.

Le Roi désira une résidence plus royale, et il fit
jeter les fondations du superbe château qui met
à présent dans ce site sauvage l'aimable blancheur
de ses bâtiments en style Renaissance allemande.
Il fallut créer un sol de soutènement et ce furent
d'énormes travaux de terrassement qui durèrent
dix années. La pente friable de la montagne, les
inondations détruisaient l'ouvrage à mesure qu'il
était fait. Le Pelesch menait l'émeute des sources :
« Il se fâcha ; il se monta tant et si bien qu'en une
nuit, il devint un gros torrent furieux. Il arracha
des quartiers de rocs aussi grands que des maisons,
emporta tous les ponts, et se conduisit comme un
ruisseau tout à fait mal élevé. Il cava de tels che-
vrins sous les vieux hêtres qu'ils se mirent à chanceler ; quelques sapins se couchèrent à grand fracas au travers de son lit, préférant être brisés et
déchiquetés plutôt que d'être encastrés dans la
maçonnerie d'un château ; il fomenta une vaste
révolte parmi les innombrables petites sources de
la montagne qui hurlèrent à qui mieux mieux :
« Jamais ! nous n'en voulons pas ! » Mais les hommes s'imaginèrent qu'ils seraient plus forts que
tous ces ruisselets ameutés, et ils commencèrent à
creuser les fondations. Ils avaient mal fait leur
compte. Pendant la journée, il est vrai, les sources

étaient bien sages, pas une ne bougeait, et alors on pouvait travailler, évider et remblayer, jeter la terre hors des fossés ; mais la nuit venue, le Pelesch donnait le signal du fond de la vallée, et tous les ruisselets de se répéter le mot d'ordre en sourdine, et de marcher à l'assaut. En quelques heures, le tour était joué ; patatras ! talus et glacis, tout s'éboulait au fond des tranchées, et c'était à recommencer. » (*Tr. J. Brun*).

Le Pelesch fut vaincu, emprisonné dans de vieilles conduites de plomb, contraint de courir le long des échafaudages, de scier les sapins de ses rives. A la longue, il s'y accoutuma, et en fit l'aveu à la Reine :

— « On est bien au service de ton roi, car il est juste et bon, et ce qu'il commande, je l'exécute les yeux fermés sans hésiter. Ordonne-t-il : « Pelesch, un peu d'eau ! » Je monte quatre à quatre jusqu'au toit. « Pelesch, de la lumière ! » Je me jette sur les turbines, et, roule que roule, je lui en fais de la lumière, tant qu'il en veut. Dit-il : « Pelesch, il faut encore du bois ! » Je me mets à scier, à scier sans seulement regarder quel arbre me passe entre les dents, car il sait ce qu'il fait, mon maître et seigneur. A-t-il envie d'une cascade, je saute sous ses yeux d'aussi haut qu'il lui plaît. Nous avons eu sans doute quelques démêlés dans le temps, ton roi et moi ; mais tout va pour le mieux aujourd'hui.»

Sous une forme poétique, la Reine fait le récit de sa vie depuis son deuil ; tout se passe en confidences entre elle et sa montagne. Les oiseaux, les lézards, les orvets drôlets, les orties, vilaines commères qui piquent et déchirent ce qu'elles touchent (allusion à une campagne calomnieuse : « je leur enverrai un âne qui s'en régalera, pour qu'elles soient au moins bonnes à quelque chose », conclut l'auteur) ; les arbres, les sources, tout bavarde et dit son mot, gaiement, gentiment. C'est François d'Assise conversant avec la Nature. Un disert bec-de-grue s'emporte contre les orties. « Quelles jolies fleurettes il avait, toutes fourrées d'un duvet argenté, et des pétales qui ondulaient au vent sur la mousse verte, comme une robe rose. » Les mousses s'amusent de ce qu'il dit ; les framboises égratignent ; c'est le poème de la forêt.

La partie la plus originale du livre est le récit du rêve fantastique dans lequel la Reine revoit sa fille. Il y a là toute une théogonie de déesses roses, de fées, de génies, un décor mouvant de féerie, une course à l'abîme, visions troublantes, colorées, immenses perspectives de larges espaces de neige, champs de campanules dont la fée, aux cheveux pareils à des rayons d'aurore, en robe tissée de fils de la Vierge, fait sonner les clochettes en les frappant d'un brin d'herbe ; gorges sauvages et noires où rugit l'ouragan et où veille un dragon ; bonds dans l'abîme grèves désertes, conciles d'elfes qui violentent la lyre royale, parois de glace qui soudain s'évanouissent, marais sans bornes, paysages d'opéra et de fantasmagorie, nuit de Valpurgis ou gorge du Freischütz, sphinge aux mamelles jaillissantes, et toutes les étapes qu'une poétesse émue peut imaginer sur le chemin du Paradis où elle va revoir sa fille.

La voici, elle la revoit : « Tout-à-coup, je vis accourir, de derrière un massif de myrtes, une fillette qui luttait de vitesse avec une gazelle et jouait à la paume avec des boules de neige, — cette fillette était la mienne !..... Il me sembla que j'aurais dû lui tendre les bras ; mais un tel calme, une telle absence de désir m'avait envahie, — moi qui avais vu ce qui en était de la naissance et de la mort, — que je n'eus pas un mouvement vers cette apparition adorée. Et je voyais les enfants devenir tristes, chaque fois qu'il arrivait des fées qui leur coupaient les ailes et les emportaient sur la terre par la porte du soleil ; c'est sans doute pour ce motif que les nouveaux-nés ne veulent pas parler durant leur première année, parce qu'ils ont le regret du Paradis où on ne connaît ni faim, ni froid, ni pleurs, ni gronderies ; et c'est seulement quand ils ont oublié les délices de leur vie antérieure, qu'ils commencent à s'accommoder de l'existence des hommes et à accepter leur langage. »

Ce qui fait le charme de ces évocations aériennes, c'en est le symbolisme et la subjective vérité : douleurs, calomnies, regrets, renoncement, choix d'un héritier au trône — ce fut le prince Ferdinand, neveu du roi — puis lassitude, désintéressement, dégoût de la politique et du trône, et le refuge bienfaisant dans la divine et consolante poésie, — sa nouvelle fille — car ses contes et chansons sont ses enfants : elle leur a donné le meilleur de son sang et de son âme.

* * *

Princesse, reine et mère, Carmen Sylva a trouvé dans les vicissitudes de son existence, toutes les émotions, les douleurs, les enthousiasmes, capables de faire vibrer, pleurer, chanter les fibres sensibles de son âme, dont les sentiments essentiels se réduisent à une mélancolie très particulière et à une immense bonté.

Grande et forte, teint rose et cheveux blancs, regard droit et souriant, elle donne une impression de résistance passive, elle a cette force de la femme qui est plus puissante que l'homme, car celui-ci s'entraîne au courage en courant devant le danger ; la femme doit l'attendre immobile à son foyer.

Cette reine qui a souffert a toute sa croyance intacte, rien n'a ébranlé sa foi, ses facultés d'admiration, son optimisme. Elle offre l'exemple étrange d'un poète triste qui inspire confiance et d'une mélancolie qui n'abdique pas l'espoir.

Je vous dirai dans un instant tout ce qu'il y a d'amertumes, d'angoisses, de douleurs dans sa conception de la vie et de la société. Mais son regard demeure clair et bon devant les misères qui l'attirent.

Musset a maudit les hommes et les femmes ; il ne les plaignit pas, et son pessimisme égoïste aboutit à l'incurable désespoir.

Sully-Prudhomme lui en a fait honte :

« Si tu n'étais pas grand, je t'appellerais lâche. »

Et pourtant Sully-Prudhomme aussi fut un triste, et les larmes furent son lot poétique :

« Car c'est mon goût de préférer
Dans la vie à qui sait sourire
Qui sait pleurer. »

Sa mélancolie n'est pas sans rapport avec celle de Carmen Sylva, dont la tristesse est son étonnement devant l'existence du mal et son fervent désir de le soulager. Sa bonté rend vaillante sa mélancolie, que sa tournure d'esprit fait perspicace.

Naturellement, elle devine les souffrances, et le regard qu'elle promène sur la société n'y rencontre que des douleurs. Lisez ses romans, ses nouvelles, partout se dresse l'image de la détresse. Elle n'est pas abattue par cette vision persistante de nos peines, la vie lui paraît digne d'être vécue, parce qu'elle est pour elle l'exercice sacré de la consolation sur un champ fécond en angoisses, dont elle a peint le tableau désolant.

A soixante ans, elle écrivait : « Je suis encore, tout au fond de moi-même, la mystique petite fille qui, vers sa sixième année, à l'époque de l'Avent, s'assit une nuit sur son berceau et réveilla toute la maison en priant à haute voix : « Comment dois-je t'accueillir, comment te rencontrer ? » Je suis encore exactement aussi pieuse, aussi pénétrée de la crainte du Seigneur et illuminée des douces espérances éternelles que dans les premières années de mon enfance, alors que ma mère m'enseignait que la plus belle veillée de Noël est la veillée de la mort, et que la mort est notre plus magnifique récompense ! » Elle est demeurée mystique et toute illuminée de foi dans son royal apostolat.

La tristesse lui convient. Elle passa une fois la moitié de la nuit avec une orpheline sur la tombe de son père que l'on venait d'enterrer « dans cette odeur étrange qu'exhale le cimetière après la chaleur de la journée, dans ce silence éloquent de tout ce peuple innombrable couché sous terre. »

Elle écrivait à sa mère :

— « J'ai fini une histoire, elle est très triste. Les enfants de mon imagination sont rarement gais : ils ne le furent jamais. Tout enfant, j'inventais des histoires déjà tristes et horribles... Je crois que chez moi le rire n'est qu'à la surface et qu'il pend pour ainsi dire autour de moi comme un clair vêtement... Ou bien est-ce le rare mélange de ton caractère et de celui de papa ?.... Ou bien n'y a-t-il de dignes d'être contés que les événements tristes ? »

Une Lettre (*Ein Brief*, dans *Handzeichnungen, Esquisses*) est un drame affreux où une jeune femme souffre pour son mari qui la ruine et devient fou. Elle n'a de réconfort que dans la société d'un homme qui lui prodigue les secours les plus rares, qui soigne le mari dans ses crises de haut mal, qui vient la voir pendant les longues années où elle vit seule en l'absence de son époux interné. Comme elle est excusable de sentir naître en elle un sentiment de tendresse reconnaissante pour cet ami dont la présence la soutient dans ses infortunes : un mari enfermé, une fille paralysée et muette ! Elle s'effraie de ce qu'elle ressent et trouve un charme douloureux dans cet alanguissement qui l'envahit malgré elle. A présent, elle aime cet ami, elle le lui dit : par un bonheur cruel, sa fille et son mari entièrement guéris l'arrachent au danger de la faute, et la rejettent dans l'austère devoir.

La peinture des horribles souffrances parmi lesquelles cette pauvre âme est traînée, est atroce et d'une perspicacité terrible, et cette nouvelle porte bien son sous-titre *Radirung*. Eau-forte : le burin égratigne le cuivre et fait saigner le cœur.

Ein Gebet (Une Prière), est le drame pénible qui conte la rivalité de deux jeunes filles, dont l'une, Berthalda, est méchante et envieuse. Elle jalouse son amie, Editha, dont la beauté et la bonté attirent tous les cœurs. Berthalda avait un fiancé, et Tassilo la quitte pour Editha. Berthalda avait un frère, Raoul, qui est prêtre, et elle comprend que son frère cherche dans le devoir et la prière un recours contre son impossible amour pour Editha...

La vengeance de Berthalda est atroce. La nuit qui précède les noces d'Editha et de Tassilo, que Raoul doit bénir, elle dépose dans le ciboire une hostie empoisonnée. Editha meurt sous les yeux du prêtre qui l'aime, et qui reçoit de sa propre sœur la confession du forfait.

Avec une vigueur implacable, une acuité impitoyable, les âmes douloureuses sont mises à vif, les tortures morales écrasent et font saigner, crier, grincer les fibres délicates de ces cœurs de femmes.

Dans le recueil que je citais tout à l'heure, *Handzeichnungen*, plusieurs nouvelles ont le même caractère de douleur exaspérée : *Die Blutbuche* (*Le Hêtre sanglant*), histoire attristée d'une princesse qui se tue plutôt que de céder à l'amour qu'elle sent naître pour l'aimable ami de son tyrannique et brutal époux ; *Mondnacht*, la jeune fille phtisique et mourante aperçue une nuit dans la gondole noire des canaux de Venise.

J'en choisirai deux, qui ne sont pas plus pathétiques, mais qui sont plus étendues et plus âprement analysées.

Meerweibchen, est une Carmen du Nord, une de ces sirènes redoutables qui font le mal par l'amour, et n'ont de joie qu'à détruire les bonheurs dont elles approchent.

Le sculpteur Arnold est fiancé à la jolie Lia, dont il a reproduit l'image au pied d'une fontaine monumentale qu'il achève. Il rencontre et connait la fascinatrice Marina, qui lâchement s'empare de son cœur, de ses sens, et calomnie sa rivale, en lui supposant un amant, Hubert, qui est le sien.

Arnold ne résiste pas à cette ensorceleuse. Il brise la statue de Lia, et la remplace par une sirène dont Marina pose le modèle. Lia meurt de chagrin, Arnold désabusé apprend l'indignité de sa sirène, la tue et devient fou.

La peinture de cette femme charmante et satanique est cruellement poussée. Un attrait s'ajoute au récit : l'auteur est artiste et se complaît ici dans la description de l'atelier et de l'œuvre. C'est de la bonne critique d'art (description de la fontaine) telle qu'on pouvait l'attendre de celle qui par la miniature, la musique, la peinture a rendu avec ferveur un hommage perpétuel à l'Idéal et à la Beauté, et a vérifié la parole du Pelesh dans *Pelesh im Dienst* :

— « Sont-elles vides tes mains dans lesquelles je vois une plume et un pinceau ? »

Föhn (*Vent du Sud*) est encore un tragique conte d'amour. Comme la Princesse du *Hêtre sanglant*, la belle Frosi a épousé Matthès parce qu'elle l'aime et qu'il est le plus beau gas du village de Pfäffers sur le Rhin.

A un concours de tir, une carabine éclate et enlève à Matthès la moitié du visage. A présent il est horrible, aveugle, défiguré. Frosi le soigne d'abord avec tendresse, puis avec appréhension, bientôt avec horreur depuis que son mari a voulu l'embrasser avec sa face sanglante. Leur existence, qui commençait sous les plus riantes couleurs, devient horrible. Le défiguré a des tendresses affreuses et des jalousies emportées. Chaque fois que sa femme sort, il l'accueille à son retour avec des sarcasmes et des paroles de colère ; il l'accuse d'avoir un amant, la tire par les cheveux, la frappe de son bâton, puis se répand en pleurs et en regrets

Si Frosi multiplie ses sorties, c'est qu'elle va chez le pasteur pour demander le divorce. Le pasteur l'exhorte à la patience, lui représente quelle lâcheté il y aurait à abandonner un malheureux infirme.

Cependant la vie est à charge à la jeune femme que les brutalités et les soupçons de son mari font cruellement souffrir. Le pasteur intervint et fit honte au malade de ses injustes insultes. Matthès pleura, s'humilia, et obtint par son repentir le pardon et l'amour que ses violences avaient éloignés.

C'est une haute leçon de moralité et de confiance. La conclusion est trop belle pour convaincre les âmes vulgaires.

Celles-ci douteront que le bonheur de Frosi soit sincère et durable, même si on leur apprend que des enfants naquirent de ce renouveau de tendresse.

Le récit des tortures de cette femme rivée au malheur d'un mari autrefois la joie des yeux, à présent l'horreur des humains, est d'une vigueur impressionnante.

Combien touchant aussi le conte *Ein Blatt im Winde* (*Une Feuille au Vent*). C'est une étude des fâcheuses conséquences du divorce. La mère de la petite Isi, la jolie petite Schneewitchen, fleur de neige, a été coupable et a été répudiée. Le père s'est remarié. Isi et son frère Wolfgang sont malheureux chez leur belle-mère qui appelle Wolfgand le coucou. Isi apprend à l'école que le coucou fait couver ses œufs dans le nid des autres oiseaux. Et elle demeura songeuse. Sa belle-mère la malmenait pour étouffer les instincts pervers qu'elle ne pouvait manquer, disait-elle, de tenir de sa mère.

Wolfgang et sa sœur ne cessaient de parler de cette mère absente qui appartint bientôt au pays des contes où ils se réfugiaient pour échapper à la dure réalité.

Vers quinze ans, résolument, Isi et Wolfgang quittèrent la maison de leur père où ils ne recevaient que rebuffades. Ils allèrent retrouver leur vraie mère.

Celle-ci s'était remariée avec son complice, le père de Wolfgang.

Il était venu d'autres enfants qui reçurent mal les arrivants. Ce n'étaient que batailles. Wolfgang l'intrus fut accusé de semer la discorde et enfermé au collège. Isi trouva sa mère fort indifférente, toute entière à ses derniers nés. Comme sa belle-mère, sa mère la trouvait trop grande. Elle la vieillissait. Elle évitait de sortir avec elle. Le plus aimable de la maison était le beau-père. Il le devint trop. Un jour il prit Isi dans ses bras et l'embrassa sur la bouche. Celle-ci s'enfuit.

Quand elle arriva chez son père, elle le trouva râlant sur son lit de mort.

Isi demeura seule au monde. Une vieille tante la recueillit. Elle alla au bal, aima un charmant danseur, qui ne voulut pas d'elle à cause des histoires de ses parents. Elle se laissa épouser par n'importe qui : et ce fut un bandit qui la ruina et l'abandonna. Elle partit alors avec son frère vers l'Amérique, et les gens disaient en la voyant avec ce jeune homme qu'ils ne connaissaient pas :

— « C'est une honte ! C'est bien la fille de sa mère ! »

Une feuille morte voltigea sur la route :

— « Voilà bien ce que je suis, pensa Isi !

Toute cette aventure est navrante ; certains épisodes sont dans le mode de Dickens, comme l'incident du petit lapin qui égaye l'enfance de Wolfgang, et que ses méchants petits beaux-frères tuent pour lui faire de la peine.

Il faut lire cette histoire pour comprendre avec quelle émotion et quelle sympathie Carmen Sylva suit les infortunes de sa touchante héroïne et combien elle s'intéresse à ces enfants de son imagination. Elle rappelle parfois A. Daudet (comparez *Mosch et Baba* avec *Les Vieux* des

Lettres de mon Moulin), avec moins de charme sans doute dans la virtuosité de la forme, mais plus de richesse dans l'invention, plus de profondeur dans le sentiment, plus de philosophie et d'idées générales dans l'ensemble. La sensibilité est plus débordante ; on sent qu'elle coule d'un cœur de femme.

Tant de tristesse n'exclut pas — et cela étonne, — la gaieté, une gaieté fine et douce, un peu malicieuse, et qui ressemble à de l'humour. Elle révèle la robuste constitution d'un esprit que rien n'abat.

Die Glückliche, *Les Heureux* (dans *Handzeichnungen*) sont d'abord fiancés et échangent des cadeaux. Elle ? elle grignotte des bonbons :

— « Un jour elle eut un gros chagrin : un corsage avait un centimètre de largeur de trop — négligence impardonnable, quand on a 51 centimètres de tour, de vous en donner 52 ! A quoi avait-il donc pensé, cet homme ? On appela le futur, et on lui demanda de trouver, lui aussi, la chose impardonnable : ce qu'il ne manqua pas de faire. Cela la tranquillisa beaucoup. »

Mais elle eut voulu un peu plus tard un " *de* " à son nom et des armoiries :

« Valérie n'avait plus 52 centimètres de tour de taille, mais un " de " et des " armoiries ", oui, *des* armoiries, *cent* armoiries, armoiries au-dessus de la porte, dans le vestibule, sur chaque panneau de ses voitures, sur chacune de ses livrées, armoiries sur la tapisserie de damas de sa chambre à coucher, dans les sculptures sur bois de sa salle à manger, armoiries sur l'argenterie et les cristaux, armoiries sur la porcelaine et le linge, armoiries sur le papier et le cachet ! »

Valérie était la plus tendre mère :

« Deux fois par jour, on faisait descendre les enfants, une fois en petite toilette pour le second déjeuner, qui était le premier pour les parents, parce qu'ils ne se levaient jamais avant onze heures, et puis, joliment habillés pour le dîner. Ils avaient des vêtements de velours avec de vieilles dentelles de Venise et des chapeaux de peluche rouge foncé. »

L'ironie de ce passage est manifeste. Fénelon dans son *Traité de l'Éducation des Filles* a fait le même tableau des familles de son temps, où la mère disait à sa fille toute pomponnée :

« Allez, amusez-vous bien, et surtout, ne courez pas, n'ayez pas chaud, et ne dérangez pas votre rouge. »

Mais Carmen Sylva a reçu une éducation de princesse, et les princesses ne sont pas élevées comme les autres petites filles. Peut-être n'y a-t-il pas une intention satirique dans ce portrait de tendre mère. Pourtant le ton garde partout un

son humoristique, bien reconnaissable ici encore :
— « Les filles de Valérie sont laides, aussi laides que riches. Elles trouvent facilement à se marier. Quand leurs maris protestent contre leurs caprices :

— « Mais nous les avons payés, disent-elles. » Je note ces observations sur la vie commune qu'une princesse ne connaît que par ouï-dire, car du fond de son château, elle ne se mêle guère à l'existence du vulgaire, et son mérite croît de la difficulté de voir juste.

Un sourire moins amer éclaire la jolie fantaisie *Spuk* (*Fantômes*, dans *Handzeichnungen*) où une petite princesse grandit dans un château hanté dont le propriétaire est un homme satisfait :
— « Il ne semblait guère se tourmenter de ces bruits, traînements de chaînes, éclairage des appartements de réception et de la chapelle. Il prétendait même que dans un château bien conditionné, il devait y avoir toujours de la sorcellerie et des revenants ».

Le petite princesse Mite aimait aussi ses chers revenants, et *l'homme* en particulier, un homme qui, chaque nuit, illuminait la chapelle. Elle priait avec ferveur pour lui, mais pas trop ardemment tout de même, car sans cela le Bon Dieu rappellerait au ciel cette âme errante, et il n'y aurait plus personne pour éclairer la chapelle la nuit, ce qui était un si beau spectacle.

— « Je t'en prie, Bon Dieu, disait-elle, ne me le prends pas tout-à-fait, afin que je ne reste pas triste et seule. »

Son père aimait mieux la voir fréquenter les esprits des morts que les hôtes vivants, qui pour l'ordinaire agissent avec moins de discrétion et de respect à l'égard des belles jeunes filles sans mère.

Et elle croyait aux spectres comme au Seigneur-Dieu et à la Sainte Ecriture. « Je joue avec eux depuis mon enfance, » expliquait-elle à un jeune burgrave qui vint loger là quelque temps. Et elle ne fit nulle difficulté de l'accompagner la nuit pour aller voir à la chapelle ce qui se passait au moment des illuminations enchantées.

C'était un spectacle à ravir. La nef était toute étincelante de lumières et remplie d'une compagnie d'habits somptueux *sans corps*. Ces costumes vides se faisaient de belles révérences. Il y en avait un qui avait la plaque et le grand cordon ; il allait vers chacun à la ronde et les autres vêtements s'inclinaient devant lui. Les robes faisaient un bruissement de soie. La grand'porte s'ouvrit et livra passage à une robe blanche de mariage. Les robes bleues, rouges, vertes allèrent à la robe blanche de fiancée et l'embrassèrent. Un riche costume de fiancé, velours et or, s'avança vivement, et la robe de fiancée sembla reculer d'horreur. Une foule d'autres robes et costumes se promenaient dans la nef, et c'était un éblouissement de pierreries, de bijoux, de dentelles ; mais tous ces vêtements n'avaient ni corps, ni mains, ni têtes. Devant l'autel, des habits sacerdotaux disaient la messe. Au moment de la bénédiction, la robe de fiancée se trouva mal, et un habit noir poignarda l'habit de fiancé. Le riche manche du poignard demeura planté dans le gilet brodé.

Tout le récit est de ce ton souriant et mystificateur ; c'est comme un compromis entre *Le Souper des Armures*, de Théophile Gautier et un *Réveillon dans le Marais*, d'Alphonse Daudet.

Dans ses poésies aussi, sonne parfois le rire clair, et quand Carmen Sylva nous montre les animaux retardataires qui conservent encore le vieux manteau de la reconnaissance, démodé parmi les hommes, ou quand le postillon, au triple galop de ses bêtes, redoute d'avance la lenteur des chevaux de son corbillard.

Gouffé aimait à voir un corbillard :

> Je n'aperçois que le plaisir
> De partir en voiture !

Barbey d'Aurevilly, derrière un convoi, un jour de boue et de pluie, répondait aux condoléances de son voisin sur le défunt :

— Quoi ? vous le plaignez ? Lui, au moins, il est en voiture !

Le postillon roumain ne goûte pas ce délice :

— Les huit guides et le fouet en mains, je gagnerais le large ! Ah ! ce serait trop long d'être porté en terre avec des chants nasillards ! Moi ! Un cavalier ! Et Heidi ! Iouheidi ! Je me jetterais à bas du corbillard pour courir au triple galop dans la tombe ! »

La reine disait en 1875 « Sur mon chemin rempli d'épines, il pousse encore assez de fleurs pour me consoler. »

Et après une vie tourmentée, elle écrivait bravement en 1903 l'hymne éclatant de ses soixante ans :

« Peu de personnes se sont réjouies autant que moi de voir arriver leur soixantième année. Dès l'âge de vingt ans, je pensais au jour où j'atteindrais la soixantaine. Cet âge m'apparaissait comme le port où je trouverais enfin le repos et la paix : il me semblait que la tourmente qui m'avait assaillie, dès mon enfance, s'apaiserait alors..... J'ai gardé en moi une si grande force de joie que je me réjouis, comme un enfant, du jour et de l'heure à venir, et que le présent m'enchante, comme s'il ne devait pas avoir de lendemain. Une fleur, un rayon de soleil, un jeune visage souriant, une sainte figure de vieillard, un mot,

une chanson, un coup d'archet, une feuille, un
oiseau, une lumière qui brille, une bonne action
me jettent dans le ravissement. On me demande
souvent si je n'ai pas eu des déceptions dans ma
vie ; je réponds invariablement : Jamais, pas
une seule !..... Car Dieu m'a donné des yeux pour
voir et des oreilles pour entendre. Et c'est pour
cela que je n'ai jamais demandé aux hommes
plus qu'ils ne pouvaient donner. Je puis même
dire que j'ai très souvent reçu plus que je n'atten-
dais..... Il n'y a pour moi ni ennemis, ni étrangers,
mais seulement des âmes. Deux mots ont été
rayés de mon vocabulaire : le mot *famille* et le
mot *étranger*. J'ai dû quitter ma famille pour
adopter toute une nation, et la famille que j'aurais
dû fonder sur cette terre s'est envolée vers le
ciel. Non, il n'y a pas d'étrangers à mes yeux ; il
n'y a que des frères qui sont toujours sûrs d'être
compris de moi. Mon enfant, qui est au ciel, m'a
légué sa patrie et son peuple, et j'ai reçu le nom
de *Mama Régina* (Maman Reine), lorsque mes
cheveux avaient commencé à blanchir. Je devais
être la mère d'un peuple entier. »

C'est de la belle énergie. Je note encore ce joli
trait :

« Dans mon enfance, j'allai un jour voir une vieille
dame. Elle était assise, inondée des rayons du
soleil levant et lisait dans sa grande Bible ; elle ôta

ses lunettes et se tourna vers moi avec un sourire radieux. Ce sourire a rayonné sur toute mon existence comme la seule chose digne d'envie sur cette terre. Je prie Dieu de mettre un pareil sourire dans mon cœur pour le reste de mes jours. » Cette vaillance qui espère est celle d'une âme qui n'est jamais abattue et qui continue à jeter des éclairs de juvénile et solide gaieté. »

Ce sentiment complexe se dégage de tout ce qu'elle écrit. Parfois un peu de préciosité menace et risque d'affadir la vérité de l'émotion : quand la reine malade, retenue de longs mois à la chambre, anime les fleurs des bouquets que de pieuses mains lui apportent chaque jour (*Fleisch en servitude*). C'est une page exquise, mais c'est une page : le tournoi des fleurs. Nous glissons de la sincérité à la virtuosité. Le cas est rare.

Pour en terminer avec les réserves, quelques œuvres échappent à un jugement sûr. Ce sont celles qui furent composées par Carmen Sylva en collaboration avec Mme Wite Kremnitz et qui sont signées Dito et Idem. Ce sont des romans par lettres comme *Astra* ou comme *Aus Zwei Welten*, histoire des amours d'une princesse et d'un professeur. Toutes les lettres écrites par la princesse sont de Carmen Sylva ; Mme Kremnitz prêtait sa plume au professeur Bruno, le héros de l'aventure. Cette collaboration amébée laisse l'œuvre traversée par un double courant qui jamais ne se fond. Chacune des deux correspondantes répond à des idées qu'elle n'a ni senties, ni portées, ni mûries elle-même. L'inspiration et l'ensemble sont brisés, morcelés.

Tantôt c'est un recueil de nouvelles (*In der Irre*) dont les unes sont de Carmen Sylva, les autres de Mme Kremnitz. Cette alliance est plus flatteuse pour celle-ci qu'utile à la critique, qu'elle déroute.

Tantôt c'est une tragédie, comme *Anna Boleyn*, à laquelle il semble bien que la reine a seulement apporté ses conseils.

Le reste est à lire sans réticence et à goûter pleinement.

** **

Partout se manifeste un sentiment ardent et éloquent, celui de l'amour et de la poésie de la nature, tel que J.-J. Rousseau et les romantiques l'ont dégagé.

Sévère pour l'humanité dont elle dévoile les mauvais instincts, bonne pour la société qu'elle sait défectueuse, mais qu'elle voudrait améliorer par le progrès moral de l'individu, Carmen Sylva n'a d'admiration et d'enthousiasme que pour la nature, la forêt, les monts, les torrents et les fleuves, les animaux. Le monde lui apparaît comme un marais qu'encadre le prestigieux décor de beaux paysages. L'Homme n'est pas le Roi de la création, il en est le démon, d'autant plus pervers qu'il est plus loin de ses origines. Il y a comme une vague influence de J.-J. Rousseau dans cette appréhension contre l'état civilisé.

La terre est un pays charmant, ses habitants sont de pauvres êtres faibles ou méchants ; les uns, victimes ; les autres, bourreaux. Il n'y a de vertu, de bonheur, de paix qu'au sein de la nature.

Quand elle fut à Berlin, — elle avait 17 ans — chez la reine Augusta, elle étonna la cour compassée, bien qu'elle s'étudiât :

— J'exerçais sur moi, au salon, la plus grande violence pour rester dans les bornes de l'étiquette et converser tranquillement.

Elle ne put se résigner à cette vie aux lumières, et la sauvage enfant qu'on avait surnommé Waldroschen, *Petite Rose des Bois*, regagna les forêts de Neuwied.

Pendant son séjour à la cour de Prusse, son père lui écrivait : « Tu fais ton noviciat dans la haute société, où l'on ne pardonne pas les plus petites fautes. A la Cour, il faut apprendre à régler ses pas, pour ne point perdre l'équilibre et pour ne pas tomber du haut des escaliers. »

C'était une allusion à un faux pas qui l'eût fait tomber, si le prince Charles ne se fût trouvé là pour la retenir : huit ans après, il devait l'épouser.

En 1872, il y eut un bal masqué à Bucarest, et elle était fière et étonnée de s'en occuper, de s'y intéresser, comme pour répondre à un muet reproche de l'élégante société roumaine.

— « Cela me fait plaisir, écrivait-elle à sa mère, de pouvoir montrer que je ne suis pas toujours une puritaine et que je sais aussi parler chiffons. »

Ses goûts l'éloignent de la société brillante et factice, de la vie des cours, où elle se sent loin de ses êtres chers : les arbres, les animaux, les humbles. Elle n'est pas à l'aise dans ce milieu mondain qui ne l'intéresse pas.

La toilette, les robes, la laissèrent indifférente.

Elle regarde le Pelesch que le soleil fait miroiter et pare de mille diamants avec une seule caresse.

— « Et je demandai au rayon de soleil s'il ne pourrait pas me rendre le même office, car il m'est si ennuyeux d'endosser de beaux habits et de porter de lourds diamants ! »

Combien la nature lui paraît, comme à J.-J. Rousseau, l'état supérieur, au prix des sociétés qui sont mal faites et malheureuses. La reconnaissance même a déserté le monde des hommes ; c'est parmi les animaux seuls qu'on la trouve encore (*Un Oubli*).

Les bêtes ont toutes ses amours. En arrivant à Cotroceni, en 1875, elle achète trente rossignols et elle leur donne la volée.

Le goût du pittoresque et la bonté s'allient en elle pour la porter, loin des cités élégantes, vers le peuple, intéressant par sa misère et par son costume ; et elle a écrit le poème des Artisans, *Handwerkerlieder*, où chante la chanson du Travail en habit de labeur.

Comme Théophile Gautier, comme de Hérédia furent séduits par le côté coloré et pictural des artisans de jadis, forgerons, orfèvres, émailleurs, Carmen Sylva a senti le charme de ces existences qui se passent dans le décor curieux des ateliers, des échoppes ou des carrefours, et elle les a chantées avec tant de sympathie que plusieurs de ces *Lieder*, mis en musique par Bundert, sont devenus populaires en Allemagne. C'est à la fois l'hymne du travail et la chanson des Rues, qui complète la chanson des Bois.

Quand une publication française demanda à la reine d'écrire un chapitre sur la ville de Bucarest, elle ne put s'enfermer dans son sujet et s'évada aussitôt vers les campagnes qui l'inspiraient plus que les avenues des cités. Elle prit plaisir à observer et à décrire les attelages de buffles, les charrues primitives, les puits dont la haute barre raye le ciel, les postillons chamarrés, les villages de tziganes ; et dans la ville, elle n'eut de regards que pour les coins pittoresques, les Moschi, les enterrements aux usages étranges, les cimetières où elle allait rêver, la neige : « Il arrive quelquefois que les chasse-neige enterrent les habitations basses des faubourgs : jusqu'à onze personnes ont péri ainsi dans une seule nuit aux portes de Bucarest. Et il n'est pas rare que les loups pénètrent dans la ville. La neige, dans ces moments-là, n'a plus l'air de tomber : elle exécute une danse tumultueuse de bas en haut en tournoyant, de façon qu'hommes et bêtes sont aveuglés et se mettent à tourner sur place, tout en croyant avancer..... Un des moments poétiques de Bucarest, c'est la semaine de Pâques, où près de deux cents églises sont illuminées tous les soirs. Les cloches sonnent à toute volée, la foule se presse pour apporter des fleurs fraîches aux saintes images. Le Vendredi Saint, il y a des processions, flambeaux en mains, autour de toutes les églises, et de là, on porte les cierges au cimetière pour en décorer les tombes : même les tombes délaissées reçoivent une petite lumière, laissée là par des mains charitables. »

Elle note tout ce qu'elle découvre, les *Jugements Derniers* peints bizarrement dans l'intérieur des petites églises, les traditions, les cierges qui tuent, les cérémonies locales, tout ce qui a de la couleur et du pittoresque.

Son œuvre est un album de fortes aquarelles.

Sa joie devant les forêts, les eaux et les fleurs

est divine et lui a inspiré ses plus belles pages, prose ou vers.

Dans *Pelesch im Dienst*, dans *Pelesch Märchen*, il y a d'admirables paysages des Carpathes, tout imprégnés d'une mélancolie touchante et baignés d'une atmosphère de bonté et d'admiration.

Ce tableau d'hiver a de la vigueur : « Dans les grands bois des Carpathes, la tempête de neige fait rage. Il y a des hurlements à travers les gorges étroites, des sanglots dans les pins, des craquements et des détonations sur la Prahova, dont les glaçons, emportés à toute vitesse, vont se heurter à ceux de la Doftana. Les eaux montent et débordent de leur lit de pierre, comme un torrent puissant. Avec un bruit de tonnerre, elles tourbillonnent à chaque angle, arrachant des mottes de terre, des rocs, des sapins et des hêtres qui se laissent emporter on ne sait où. De toutes les hauteurs se précipitent des cascades dont l'écume se congèle en tombant. »

Regardez ce serpent qui dort dans la montagne :

« Un serpent drôlet, plus mince et plus souple qu'un fil de soie, dormait enroulé dans le seul recoin ensoleillé qu'il y eût entre les rochers. Il était comme un bracelet d'argent, tout blanc, tout luisant ; ses petits yeux pétillaient. »

La forêt bruissante dans le gazouillis des oiseaux la ravit et l'exalte : « Les oiseaux arrivaient à tired'aile, rouges-gorges et piverts, merles et pinsons, tous réclamaient leur part. Et alors, un grand concert s'organisa, avec le pic comme chef d'orchestre, battant la mesure au cœur de la forêt. Et à l'ouïe de ce concert, les fleurs dressaient l'oreille peu à peu hors des herbes et des feuillages. Et les petits hêtres, qui serraient encore leurs premières feuillettes frileuses sous un capuchon argenté, jetèrent de joie ce bonnet par dessus les moulins ; de même les sapineaux, dont la couronne naissante cachait ses aiguilles sous un béret duveté qu'ils lancèrent en l'air en criant : « Bravo ! Bravo ! Bis ! Bis ! »

A. Daudet et Mistral ont de ces mêmes façons d'animer, d'aimer la nature et d'entrer en colloque avec elle.

Quand la reine, après sa maladie, revint à la montagne :

« Quel beau jour que celui où j'y remontai ! Les boutons d'or et les pieds-de-griffons, les ellébores et les épervières, les bordanes et les angéliques me saluèrent, de même que ces endormies, les belles-de-jour, qui ne s'éveillent jamais avant dix heures et sont déjà couchées à six. »

La mer surtout a séduit et inspiré cette âme rêveuse, qui l'a chantée dans de nombreux poèmes tout imprégnés de la grande poésie qui naît des flots, de leur puissance, de leur vie tourmentée, de leur solitude et de leur scintillement.

Les humbles ont ses préférences. Elle a peu regardé ou étudié les classes riches. Avec quel délicieux sourire elle parle de ces paysans qui veulent se faire socialistes « pour être à la hauteur de la civilisation moderne » et qui viennent « naïvement demander à leur propriétaire pour savoir s'ils feraient bien de se révolter, si ce serait un moyen d'obtenir plus de terrain ! »

La nature et l'état de nature lui paraissent être les meilleurs aspects de la vie. Les petits, les souffrants sont ses frères préférés; et elle se plaint d'être trop haut pour eux.

Elle a souffert de son isolement, et si Louis XIV se plaignait, assure Boileau, de sa grandeur qui l'attachait au rivage, elle regretta plus encore de ne pouvoir se mêler aux foules pour les écouter et les consoler à voix basse. Dans le plus beau poème du recueil *Thau* (*Rosée*, 1900), intitulé *Kreuz und Krone* (*Croix et Couronne*), elle indiqua que les rois portent la couronne et qu'ils portent aussi leur croix, celle qui surmonte le diadème, et cette croix-là brille dans la solitude et l'espace, loin des tendresses et des amitiés :

« Nulle bouche pourtant n'est admise sur terre,
A couvrir cette croix de ses baisers pieux,
Car elle doit briller, lointaine et solitaire,
Sur les sommets ardus, très haut, non loin des cieux.»

Cette traduction de G. Bengesco rend l'idée du

poème, qui rappelle le *Moïse* de Vigny, captif dans son superbe isolement. Carmen Sylva porte trop d'amour à l'humanité pour s'accommoder de cet éloignement, et sa fraternité a besoin de fraterniser. Elle a l'altruisme aimable, touchant, délicat, reconnaissant.

Car, disait-elle un jour, « on ne peut jamais être assez reconnaissant à celui qui vous permet de lui venir en aide ».

Belle et haute pensée qu'un autre poète, ami des gueux, exprimait aussi chez nous sans savoir qu'il rencontrait la pensée royale d'un grand cœur :

« Car le pauvre m'a fait l'aumône en acceptant,
A moi, qu'il a prié comme un Dieu, moi, son frère ! »

Jean RICHEPIN.

Si elle a écrit, ce n'est ni par ambition, ni par vanité, ni même, ce qui est une excuse, par besoin d'épanchement ; c'est pour crier, non pas sa souffrance, mais la souffrance.

C'est pour que l'humanité reconnaisse ses sentiments ordinaires répercutés et embellis par la grande voix de la poésie. Elle a senti vibrer dans son cœur cette lyre sonore dont parlent Victor Hugo et Lamartine, instrument sacré inventé par Dieu même, et dont quelques notes touchées simplement et sincèrement suffisent à faire pleurer les affligés. Elle a chanté non pour elle, mais pour les autres :

— « Il faut que ma poésie ôte aux autres un poids de dessus la poitrine ».

Quand un écrivain se fait de son art une si belle, une si noble idée, il mérite qu'on oublie sa couronne royale et les sévérités des foules pour les Muses dont l'Hélicon est un trône ; il est digne qu'on lui accorde ce qui a fait l'ambition de son cœur et de sa vie : une place parmi la multitude des simples mortels, un siège au banquet de la fraternité, qui a inspiré et annobli son âme, un rang de choix parmi les apôtres du progrès, les amis des malheureux et les consolateurs de l'humanité.

Ces titres sont ceux de Carmen Sylva ; il est juste qu'on en fasse état.

Table des Matières

Nantes - Imp. A. DUGAS, 5, quai Cassard.

www.ingramcontent.com/pod-product-compliance
Ingram Content Group UK Ltd.
Pitfield, Milton Keynes, MK11 3LW, UK
UKHW022327090726
13658UKWH00001B/127